그래도 여전히 찍먹 인간

그래도 여전히 책먹 인간

이강(집착서점) 지음

나무옆의자

차례

프롤로그: 애매한 재능러들에게   7

---

1. 오타쿠가 되지 못해 슬픈 인간   13

2. 코엑스 레스토랑 서빙부터 제주도 인력 사무소까지   27

3. 교복 컬렉터!? 전학생이 살아남는 방법   63

4. 내가 소설을 읽는 이유   79

5. 취향을 알아가고 있습니다   105

6. 창업? 세상이 호락호락하지 않더라   123

7. 축구 선수가 되고 싶었지만   137

8. 서툴지만 뜨거웠던, 대외 활동   163

9. 오늘은 수영 가고, 내일은 크로스핏 갑니다   181

10. 나의 첫 자취방, 1118호   201

11. N번째 포기, N+1번째 시작   219

에필로그   235

프롤로그
애매한 재능러들에게

어렸을 때 피아노 학원에서 같이 시작한 친구들보다 두 달 먼저 바이엘을 끝내고 체르니로 넘어갔지만, 체르니 30번에서 그만둔 사람들. 학교 다닐 땐 꼭 두세 과목만 잘했던 사람들. 동네에서는 달리기가 제일 빨랐지만, 지역 대회에 나가니 뒤에서 두 번째였던 사람들.

그런 사람이 바로 나였다.
그리고 세상에는 그런 애매한 사람들이 훨씬 많다.

애매한 재능은 초심자에게 자존감을 선물해주지만, 깊이 파면 팔수록 좌절감을 안겨준다. 세상에는 타고난 재능과 노력으로 무장한 고수들이 넘쳐난다. 포괄적으로 보자면, 전국 상위 4퍼센트까지는 '전문가'다. 이 안에 들면 전문가 포지션으로 먹고살 수 있었다. 정공법으로 뚫은 사람들이다.

그렇다면 상위 10~20퍼센트는?

분명 잘하는 건 맞지만, 이걸로 먹고살기에는 다소 애매하다. 그런데 요즘은 기류가 조금 바뀐 것 같기도 하다. 정공법의 길은 점점 좁아져가지만, 동시에 새로운 기회는 많아지고 있다. 상위 20퍼센트의 재능 두 개를 섞으면 상위 4퍼센트가 되고, 세 개를 섞으면 0.8퍼센트가 된다.

지금 시대에서는 영상 편집 기술 하나만 있어도 수많은 조합이 가능하다. 다음엔 뭘까?

누구나 최적의 조합을 찾을 수 있다고 단정 지어서

말하지는 못하겠다(충청도 사람이니 이해해달라).

그럼에도 나는 이 방향이 맞는 사람들이 분명 있을 거고, 이 방법이 애매한 재능으로 상위 4퍼센트를 뚫는 것보다 훨씬 쉽다고 생각한다.

지금은 시도하기에 좋은 세상이기도 하다. 세상은 너무 빠르게 변하고, 그만큼 기회도 많이 생기고 있다.

최근에 나는 드론을 찍먹해보고 있다. 뉴스에서 드론이 연일 화제에 오르면서 이제는 전쟁에서 빼놓을 수 없는 무기가 됐다. 국제 정세가 워낙 불안하다 보니 자격증을 따서 예비군 드론병에라도 지원할 생각이다.

물론 당장 이 드론을 써먹을 일은 없다. 나는 촬영도 주로 실내에서 하고, 내년부터는 민방위이고, 드론 카메라도 딱히 필요 없다. 하지만 이게 앞으로 나에게 어떤 기회를 가져다줄지는 아무도 모른다.

여러분은 드론이 있는가?

나는 이미 드론을 샀다는 이유만으로 대충 상위 10퍼센트의 드론 조종 능력자다(나중에 이도 저도 안 되면 논밭 가서 드론으로 농약이라도 칠 수 있겠지…).

꼭 드론이 아니어도 된다.

앞으로 또 무슨 세상이 펼쳐질지 아무도 모른다.

그러다 흥미가 생기면 찍먹해본다.

해보고 재미있으면 계속하고, 도저히 각이 안 나오면 당근에 올린다.

이렇게 시도→실패→포기를 반복하다 보면, 애매한 재능 중에서도 '덜' 애매한 재능을 찾게 될지도 모른다. 그러면 찍먹하다 남은 소스를 붓고, 본격적으로 해보면 된다. 길이 열리게 된다.

이 책이 스페셜리스트가 되지 못한 나머지 96퍼센

트에게 하나의 레퍼런스가 되어줄 수 있다면 좋겠다. 아니다. 사실 꼭 그런 교훈까지 가지 않더라도, 이십 대를 막 지나온 누군가의 기록을 슬쩍 구경하다 가도 괜찮을 것 같다.

1

오타쿠가 되지 못해 슬픈 인간

요즘은 회사 채용에서도 오타쿠면 높게 쳐준다. 특히 콘텐츠 업계에서 '오타쿠'는 토익 구백 점과 맞먹을 정도로 고스펙이며 면접에서도 할 얘기가 정말 많아진다. 유튜브에서도 덕후들의 '일본 애니메이션 추천'은 소위 먹히는 콘텐츠다.

그러나 나는 원체 애니메이션과는 담을 쌓고 살아왔다. 〈원피스〉도 '정상전쟁' 편까지밖에 보지 않았고 〈귀멸의 칼날〉, 〈주술 회전〉은 당연히 모른다(최근에

〈진격의 거인〉을 보았는데, 이건 진짜 재밌었다). 돌이켜보면 어릴 때부터 이렇게 살아왔다. 나는 삼 남매 중 맏이인데 동생들이 투니버스에서 이미 본 만화를 재방, 삼방까지 보고 있으면 그게 그렇게 보기가 싫었다.

'이미 봤으면서 왜 또 보는 거지?'

우리 집은 채널 선택권을 놓고 가위바위보를 하는 암묵적인 룰이 있었고, 나는 그렇게 리모컨 소유권을 쟁취해야만 했다. 내가 이길 때도 있었지만 높은 확률로 동생들에게 이 대 일로 졌다. 룰에 의해 어쩔 수 없이 옆에서 이미 본 〈이누야샤〉, 〈짱구는 못말려〉, 〈명탐정 코난〉, 〈포켓몬스터〉, 〈아따맘마〉를 따라 보다가 이내 자리를 박차고 나가곤했다.

한편 엄마는 사극 드라마를 좋아했다. 나도 어릴 때부터 사극은 곧잘 봤는데, 문제는 주말에 재방송을 또 봐야 한다는 거다. 드라마 재방은 애니메이션보다 더 참을 수 없었다. 전혀 흥미진진하지도 않고, 뻔하게 느껴졌다. 도대체 한 번 본 걸 왜 또 봐야 하는지 이해가 가지 않았다.

애니메이션에 관해서만 이러면 다행이겠다만, 이력서를 적을 때든, 나를 소개하는 자리에서든 누군가 나의 취미를 물을 때마다 한번씩 뜨끔하게 된다.

'어, 그러게. 내 취미가 뭐지?'

영화관에서 아르바이트를 하던 시절에는 한 달에 열 번씩 무료 영화 티켓이 나와서 영화를 미친 듯이 보았지만, 요즘은 그리 자주 찾지 않는다. 어렸을 때는 해외 축구 중계를 보는 걸 너무나 좋아해서 EPL(잉글랜드 프로 축구 리그) 강등권에 있는 선수들 이름과 구장, 코칭 스태프 이름까지 줄줄 외울 정도였지만 지금은 음바페, 홀란드 같은 선수밖에 모른다. 오히려 요즘은 UFC를 즐겨 보는데 어디 가서 이게 취미라고 따로 말할 정도는 아니다.

지금은 소설을 읽고 영상을 만들고 글을 쓰는 일을 업으로 삼고 있지만, 취미가 소설 읽기라고 얘기하려니 선뜻 입 밖으로 나오지 않았다. 음악도 딱히 취향이 까다롭지 않다. 운동도 달리기, 수영, 풋살, 크로스핏, 등산 등등…… 웬만한 건 다 해봤지만 뭘 하나 또 월등히 잘하냐 하면 그렇지도 않다. 어렸을 땐 승부욕이 엄청나서 운동을 한번 하면 지는 걸 못 견뎌 했지만 지금은 독기가 완전히 빠졌다. 나보다 잘하고 앞질러 가는 사람들을 봐도 그렇게 이기고 싶은 마음이 들지 않는다. 저 사람은 저 사람이고, 나는 나니까. 나는 오로지 지난주의 나와 경쟁할 뿐이다. 이렇게 썩어 빠진 정신력이 운동 실력에 좋은 영향을 줄 리 없다. 요즘은 그냥 오래오래 다치지 말고 하자는 생각이다.

누군가 취미를 물어보면 이런 생각들이 머릿속을 헤집어놓으면서 그냥 "새로운 경험하는 거 좋아해요"라고 얼버무린다. 이런 맥 빠지는 대답은 재미도

없고, 특별하지도 않다. '아⋯⋯ 내 취미는 대체 무엇이란 말인가?'

 최근에 취미가 '개발(코딩)'이라고 하는 이상한 사람을 만난 적이 있다. 독서 모임에서 뵌 분인데 평일에는 회사에서 데이터 사이언티스트로 일하면서 주말에도 사이드 프로젝트를 병행하고 있다. 독서 모임이 끝나고도 카페에 자리 잡고 앉아서 코딩을 하는 모습을 몇 번이나 봤는데, 참으로 이상한 사람이라고 생각했다. 좋은 쪽으로.

 내가 오타쿠가 되지 못해, 한 분야의 오타쿠가 된 사람들을 부러워하게 되는 것 같다. 그래도 이제는 더 이상 마냥 투정 부릴 나이도 아니고 '나'를 객관적으로 바라볼 수 있어야 한다. 불편하지만 인정해야 한다. 나는 하나를 깊이 파고들지 못하는 성격이다. 나는 오타쿠(혹은 스페셜리스트)가 되어 나만의 확고한 사회적 경쟁력을 갖추기 어렵다. 일을 하든, 운동을 하든, 공부을 하든 어느 분야에서 절대 넘버 원이 될 수 없는 인간이라는 뜻이다.

 일단 시작은 괜찮은 것 같다. 부끄럽지만 나의 단점을 이해하는 것부터 시작해야 하지 않겠는가? 많은 책에서들 그렇게 얘기하더라고. 다행히 지금까지 나름 책도 많이 읽고 나의 생각들을 글로 정리해오면서 스스로 돌아볼 수 있는 시간을 가졌다. 그렇게 나의 단점을 받아들일 수 있게 되었다.

 이왕이면 나랑 맞지 않는 옷을 굳이 어렵게 입으려고 하기보다는 잘 맞는 옷을 찾아가고 싶다. 그래. 생각해보면 나는 남들만큼 무언가에 깊이 빠져서 파고들지는 못했지만 애매한 재능으로 '찍먹'하기 하나는 자신 있었다!

 감자탕이나 뼈해장국을 먹을 때도 나는 뼈 하나를 잡아 숨어 있는 살점까지 쪽쪽 빨아 먹는 타입은 아니다. 어떤 사람들은 뼈다귀를 양손으로 잡아 쪼개가며 뼈와 뼈 사이 살점까지 발라내 먹는다. 이런 사람은 남은 살점이 아깝기도 하겠지만, 살을 구석구석 발라 먹는 과정에서 왠지 모를 뿌듯함과 정복감을 느끼기도 하는 것 같다.

그런데 내 눈앞에 쌓인 뼈다귀에는 군데군데 남아 있는 살점이 보인다. 굳이 수치로 따지자면 뼈다귀에 붙어 있는 고기의 한 80퍼센트 정도만 먹는다. 남은 20퍼센트의 살점까지 완벽하게 발라내려면 기존에 80퍼센트를 발라 먹기 위해 들인 노력보다 더 많은 노력을 투자해야만 고춧가루 양념 하나 묻지 않은 완벽에 가까운 뼈를 발골할 수 있다. 누군가는 뼈와 뼈 사이의 살이 진짜 맛있다고 하지만 나는 맛을 과감히 포기하며 새로운 뼈다귀를 집어 든다.

애초에 그렇게 집요한 성격이지도 않고 약간의 결벽증까지 가미되어 손에 양념 묻히는 걸 좋아하지 않다 보니 자연스레 젓가락으로만 발라 먹게 된다(양념 묻은 손가락을 빨아 먹으면서 손가락이 쭈굴쭈굴해지는 게 썩 유쾌하지가 않다). 어릴 때부터 복스럽게 먹지 못한다고 어른들에게 한 소리 듣기도 했다. 아마 이번 생에 먹방 유튜버는 절대 못 할 거 같다.

그래도 지금은 풍요의 시대가 아닌가? 발라 먹을 수 있는 데까지만 젓가락으로 발라 먹은 나는 호기심 어린 마음으로 또 다른 덩어리를 집어 든다. 그러다 보면 어느새 내 앞에 남들보다 많은 뼈다귀가 쌓여 있다(쓰다 보니 반성하게 되네요. 앞으로 누군가와 감자탕을 먹으러 가면 제가 결제를 해야 할 것 같습니다).

물론 이건 비단 감자탕에 국한된 이야기는 아니다. 나라는 사람의 매커니즘을 상징적으로 나타낸 이야기이기도 하다. 나는 어느 분야가 됐든 80퍼센트까지만 체화한다. 그러다 보니 디테일은 다소 떨어지지만, 새로운 뼈다귀를 잡는 데 부담이 덜하다. 애초에 이걸 다 발라 먹을 생각이 없으니 부담 없이 잡아서 먹기 쉬운 부분을 찍먹해보고 아니다 싶으면 과감히 버리고 새로운 뼈다귀를 찾아 떠난다. 나는 이를 '뼈해장국론'이라고 명명한다.

　나는 앞으로도, 끓는 물에 푹 삶아 살을 전부 발라낸 새하얗고 순수한 뼈를 발굴하지 못할 운명이지만 나만의 노선을 정하기로 했다.
　'재밌어 보이는 것들을 찍먹해보며 남들이 먹지 못한 뼈다귀들로 탑을 쌓기로'.

　그러다 가끔 운 좋게도 마음에 드는 뼈다귀를 발견하면 85퍼센트에서 90퍼센트까지 발라 먹어볼 수도 있지 않을까?

　운이 좋게도 나는 시너지가 나는 뼈다귀들을 조합해($0.2 \times 0.2 \times 0.2 = 0.008 =$ 상위 0.8퍼센트) 누구도 갖지 못한 나만의 섹시한 뼈다귀를 얻을 수도 있지 않을까(물론 나도 할 수만 있다면 순수하고 고결한 뼈다귀 하나를 발굴할 수 있으면 좋겠다. 우리나라에서는 특히 그걸 더 좋아하니까. 그렇지만 학창 시절 해보니 나처럼 그게 안되는 사람들도 있잖아. 아니 사실 안되는 사람들이 더 많잖아)?

나는 이 '뼈해장국론'에 맞춰 근 십 년 동안 대외 활동 12회, 인턴 4회, 아르바이트 7회, 창업 2회, 인스타 계정 개설 5회, 연애 5회, 취업 3회, 10킬로미터 마라톤 1회, 수영(2년), 크로스핏(8개월), 그리고 대략 칠백 권의 책을 읽어왔다.

뭐? 나보다 뼈다귀가 많다고? 당신도 참으로 풍파 많은 인생이로다. 심심한 위로를 전한다. 지금부터 내가 일일이 찍먹해보며 모아온 뼈다귀들을 보여주려고 한다.

2

코엑스 레스토랑 서빙부터 제주도 인력 사무소까지

1) 코엑스 레스토랑

  살면서 처음 해본 아르바이트는 코엑스에 있는 레스토랑 아르바이트였다. 사실 처음에는 카페 아르바이트에 로망이 있어서 '알바몬'에 올라온 카페 아르바이트 모집 공고에 이력서를 마구 넣었었다. 며칠 뒤 강남역에 있는 '무슨 무슨 플레이스'인데 면접 보러 오시라는 전화를 받았다. 지점명을 정확하게는 못 들었는데 그때는 어리기도 했고, 다시 물어보자니 초짜 티가 너무 날 것 같아서 일단 알겠다고 면접에 가겠다고 했다. '○○플레이스'로 끝나는 카페가 '투썸플레이스'밖에 더 있겠는가? 바로 다음 날 면접을 보러 강남역에 도착했는데 웬걸 강남역에만 투썸이 네 개가 있는 거다. 우선 십일 번 출구 앞에 있는 투썸에 들어가서 면접 보러 왔다고 정중히 여쭤보았는데, 직원들은 들은 게 없다고 했다. 그래도 스무 살 짜리가 앞에서 어리바리하고 있으니 불쌍했는지 다른 매장이 어디 있는지 친절하게 길 설명도 해주셨다. 당황한 나는 우선 매장 밖으로 나와 어제 걸려 온 전화로 다시 전화를 걸었다.

"저기 여기 강남역에만 투썸플레이스가 네 개라고 하는데…… 어디 지점일까요?"

"네? 저희는 투썸플레이스가 아니라 '더플레이스'인데요?"

"네? 카페 아니에요? 거긴 뭐 하는 곳이죠?"

"레스토랑이에요. 면접이 세 시 삼십 분이죠? 곧 뵙겠습니다."

그랬다. 나는 투썸플레이스에도 지원하고 어쩌다

보니 더플레이스에도 지원했었는데, 연락 온 곳은 '더'였던 것이다. 다행히 더플레이스는 십일 번 출구에서 그리 멀지 않은 곳에 있었다. 이왕 이렇게 된 거 면접 경험이라도 쌓아보자는 심정으로 걸어갔다.

문밖에서 심호흡을 한번 하고 매장으로 들어가니 안이 껌껌했다. 브레이크 타임이기도 했지만 애초에 인테리어 자체가 껌껌했다. 어둑한 분위기에 압도되기도 하고 아르바이트이긴 하나 사회생활의 첫 면접이다 보니 떨리는 마음에 쥐 죽은 목소리로 면접 보러 왔다고 말씀드리니 덩치 큰 남자 분이 나를 '지하'로 안내했다. 솔직히 무서웠다. 일 층도 깜깜했는데, 지하로 내려가는 길은 거의 암흑이었다.

'요즘 뉴스 보니까 장기 밀매 사건도 일어나고 그런다던데⋯⋯ 나 아직 이십 년밖에 못 살았어. 아직 못 해본 것도 많은데⋯⋯ 벌써 이렇게 가는 건가?'

걱정이 앞섰지만 어느새 나는 지하로 내려와 있었다. 막상 내려가 보니 테이블마다 주광색 조명들이 밝혀져 있어서 조금은 안심되었다. 그렇게 면접이 시작되고 초짜 냄새를 맡은 매니저님은 긴장을 풀라며 '아르바이트가 처음이냐? 투썸플레이스는 왜 갔냐?'며 장난스럽게 분위기를 풀어주셨다. 얘기를 들어보니 여기서 일하는 것은 아니고 곧 더플레이스 코엑스점이 오픈하는데 거기 오픈 멤버를 뽑는 자리라고 했다. 매니저님이 하는 말을 고분고분 듣고 있다 보니 자연스럽게 합류하는 쪽으로 이야기가 되었다. 그렇게 나의 첫 사회생활이 시작되었다.

며칠 뒤 긴장감을 안고 더플레이스 코엑스점으로 첫 출근하게 된 나는 매장에 들어가자마자 목장갑부터 받았다.

'웬 목장갑? 레스토랑 아르바이트라고 하지 않았나?'

사회생활 초짜인 내가 봐도 그곳은 레스토랑이라고 불릴 만한 공간이 아니었다. 당시 한창 유행하던 노출 콘크리트 인테리어를 적용한 매장이었던 터라 가구와 식기가 아무것도 들어서지 않은 공간은 흡사 공사판을 보는 듯했다. 내가 처음 한 일은 레스토랑에 놓일 의자와 테이블, 식자재를 들어 운반하는 일이었다. 콜라 시럽이 진짜 무거웠다.

'아, 이래서 나 같은 초짜 남자애도 뽑은 거구나.'

일단은 일손이 필요했던 거다. 그룹사에서 운영하는 레스토랑이다 보니 윗사람들이 현장에 와서 테이블 배치를 왜 이렇게 했냐, 저렇게 해라, 창고는 왜 이렇게 정리했냐, 한마디씩 거들었다. 그 시간은 나와 같은 처지의 아르바이트생들이 이리저리 물자들을 옮기면서 '진짜 돈 벌어먹기 드럽게 힘들다'는 사실을 체득하는 시간이기도 했다. 군대에 가기 전부터 상명하복을 익히면서 사회의 부조리함을 몸소 느낄 수 있었다. 그렇게 어느 정도 장사를 할 구색을 갖추고, 우리는 오픈 멤버인 만큼 본사 직원에게 직접 서비스 교육을 받았다. 나처럼 초짜로 붙잡혀 온 갓 스무 살 된 친구들이 많았는데 우리는 처음으로 와인을 따고, 따르며, 포도의 품종과 와인 예절을 배웠다. 교육을 받는 중에 와인도 한잔씩 마셔보며 맛을 이해하려 했지만, 사실 이때까지만 해도 잘 이해하진 못했다(대체 뭐가 '드라이'한 거고, 뭐가 '산미가 높다'는 거야?). 그렇게 오픈 준비에 박차를 가했다.

'그' 플레이스를 가본 사람들이라면 알겠지만, 시그니처 메뉴 중에 '폭탄 피자bomb pizza'라는 게 있다. 폭탄 피자라는 이름처럼 대포알 모양의 피자다. 폭탄 질감을 살리기 위해 검은색 도우로 만들었다. 평범한 피자 위에 얇은 도우를 올리고, 도우 하나를 더 올려 붙인 다음 좁은 구멍 안으로 바람을 넣어 빵빵한 폭탄 모양이 되게 굽는다. 이 메뉴가 처음 나온 당시 셰프들도 폭탄 모양을 만드는 노하우가 부족해서, 굽다가 바람이 새어나가기도 하고, 한쪽만 바람이 빠져 푹 꺼진 공 모양이 만들어지기도 했다.

 그래서 이 메뉴는 한번 시키면 나오기까지 삼십 분도 더 걸리곤 했는데, 그럼에도 손님들이 많이들 찾았다. 폭탄 피자를 시키면 화룡점정이라고 할 수 있는 '불꽃 쇼'를 볼 수 있었기 때문이다. 서버는 손님의 테이블 앞에서 폭탄 피자 위에 알코올을 삼 온스 정도 붓고 불을 붙인다. 불은 순식간에 대포알에 옮겨붙어 약 오 초간 활활 타오른다. 불쇼가 끝나면 준비한 가위로 뚜껑을 동그랗게 해체하고, 안에 든 피자를 팔 등분해서 손님에게 제공한다. 이를 신기하게 본 다른 테이블의 손님들이 너도나도 폭탄 피자를 주문했는데, 앞서 말했다시피 오픈 초기의 폭탄 피자는 바람이 꺼지는 경우도 흔하고 만드는 과정이 복잡했기 때문에 병목현상이 일어나기 일수였다. 그러면서 손님들의 불만 섞인 CS를 대처하는 실력도 덩달아 늘었다.

폭탄 피자가 처음 나왔을 때는 '폭탄 피자 전문 서버'가 몇 명 정해져 있었는데, 나도 그중 하나였다. 나중에 불쇼는 이 레스토랑의 아르바이트가 갖춰야 할 필수 덕목으로 자리 잡았다.

무전기로 "폭탄 가자"는 콜이 떨어지면 나는 하던 일을 마무리하고 폭탄을 실으러 서비스 테이블로 향했다. 그렇게 하루에 서른에서 마흔 개의 폭탄을 실어 나르며 불쇼를 하던 중 사고가 한 번 터졌다. 여느 때와 같이 폭탄 피자를 서빙하던 날 나는 유난히 신이 났던 건지, 평소보다 알코올을 더 많이 부었다. 그리고 빨리빨리 다음 폭탄 피자를 서빙하기 위해서, 알코올을 붓자마자 바로 불을 붙였는데 그만 불길이 내 얼굴까지 치솟았다. 순간 깜짝 놀라 황급히 손바닥으로 머리에 붙은 불을 껐다. 두 눈은 멀쩡했으니 일단은 침착하게 아무렇지 않은 척 폭탄 해체쇼를 마무리했지만 서빙을 마치고 돌아오는 길에 코끝에 오징어 굽는 냄새가 진동하기 시작했다. 아니나 다를까 앞머리와 속눈썹이 다 타서 바삭바삭해져 있었다. 처음엔 점장님도, 매니저님도, 나도 이 상황을 굉장히 심각하게 받아들였는데 앞머리가 타버려서 이마가 훤히 보이는 꼴이 너무 웃겼다. 웃긴 건 웃긴 거고, 안구가 다치지 않아 천만다행이었다. 놀란 마음을 잠시 추스르고 물로 대충 앞머리를 적셔 뒤로 넘긴 채 다시 폭탄에 불을 붙이러 매장으로 향했다. 참, 남의 돈 벌어먹는 게 쉽지 않다는 걸 다시 한번 느꼈다(폭탄 피자가 잘되자 밸런타인데이 기념 핑크 폭탄 피자, 폭탄 파스타, 폭탄 뭐시기 등등 수많은 폭탄 메뉴들이 등장했다).

그렇게 매장은 계속 바쁘게 돌아갔다. 코엑스에는 매년 수십 개의 전시 박람회가 열리고, 행사 참여자들이 만만하게 갈 수 있는 적당하고 일정 수준 이상의 맛을 보장하는 이탈리안 레스토랑에 대한 수요는 끊임없이 이어졌다. 나갈 음식도, 치울 접시도, 씻어야 할 식기도, 버려야 할 쓰레기도 산더미같이 많았다. 매일같이 바쁘게 돌아가는 매장에서 첫 아르바이트를 시작한 것은 행운일까, 불행일까? 그래도 일 하나는 확실하게 배울 수 있었다. 설거지, 버싱bussing, 물 따르기, 콜라 시럽 갈기, 음식 멘트 나가기, CS 처리법, 쓰레기 마감 등등……. 알바학개론을 마스터할 수 있는 시간이었다.

코엑스점 오픈 아르바이트 경험 덕분일까? 코엑스점의 부점장으로 계시던 분이 서울역점의 새로운 점장으로 발령되면서 나에게 러브 콜을 보냈다. 당시에는 군대 가기 전이라 마냥 놀고 싶었지만, 놀려면 돈도 있어야 하고 놀 바에 그냥 나와서 일 좀 도우라는 점장님의 잔소리에 마지못해 삼 개월 정도 일하며 입대 날짜를 기다렸다. 아무튼 '그' 플레이스는 나의 사회생활의 기반을 닦아준 플레이스다. 요즘도 가끔 코엑스에 들러 그 매장 앞을 지나치게 되면 괜히 창 안쪽을 두리번거리며 지나가곤 한다. 그러면서 속으로 '아, 저 테이블 내가 십 년 전에 옮겼었지. 그땐 새것이었는데 많이 낡았구나. 저 벽 뒤에 있는 그림도 나 있을 때 그려 넣은 건데'라고 생각하면서 잠시 옛 생각에 잠기곤 한다. 요즘 같은 불경기에 십 년 넘게 한자리에서 버티고 있다는 사실이 새삼 놀랍기도 하다. 코엑스에 놀러 갔는데 마땅히 식사할 곳을 못 찾았다면 '그' 플레이스에 한번 가보시길. 맛도 기본 이상이고 청결하다. 만약 폭탄 피자를 시킨다면 불을 붙이다 앞머리가 날아간 스무 살 청년을 떠올려보시길.

2) 영화관

아르바이트의 꽃은 뭐니 뭐니해도 영화관 아르바이트 아니겠는가? 군 복무를 할 때 전역 후 꼭 한번 해보고 싶었던 게 바로 영화관 아르바이트였다. 그때는 영화 보는 걸 좋아하기도 했고 들리는 소문에 의하면 영화관 아르바이트를 하면 여자 친구가 생긴다고 해서 전역하기만을 벼르고 있었다. 전역을 이 주 앞두고 말년 휴가를 나와 잠실 롯데시네마 면접을 봤었다. 물론 떨어졌다. 뭐가 문제였을까? 나의 까까머리(나름 기른다고 길렀는데)? 외모? '다나까'가 섞인 말투? 괜히 되게 서운했다. '아니, 내가 롯데시네마 본사에 입사한다는 것도 아니고, 팝콘 좀 튀겨보겠다는데 그것도 못 하게 할 정도로 내가 싫니? 나쁜 놈들… 내가 다신 롯데시네마 가나 봐라……(자주 갔다. 잠실이 여러모로 편하긴 하다).'

전역하고 이 개월 후 절치부심해 청담 CGV에 면접을 보러 갔다. 그때는 자기소개서도 조금 더 정성스럽게 쓰고, 면접 준비도 철저하게 했다. 면접 후기를 보니 CS가 발생했을 때 상황 대처 시뮬레이션도 한다고 해서 준비해 갔는데 안 시켰다. 그래도 탈락의 아픔 덕분에 이전보다 더 잘 꼼꼼하게 준비한 결과 합격할 수 있었고, 꿈에 그리던 영화관 아르바이트를 시작할 수 있었다.

'미소지기' 아르바이트를 하던 2019년에는 천만 영

화가 다섯 편이나 나왔다. 지금 생각해보면 이때가 영화 산업의 정점이었던 것 같다. 〈극한직업〉, 〈알라딘〉, 〈어벤져스: 엔드게임〉, 〈기생충〉, 〈겨울왕국 2〉(기억나시나요?). 끊이지 않는 명작 릴레이에 영화관은 물밀 듯이 붐볐다. 바쁠 때는 거의 뛰어다녔다. 엔딩 크레디트가 다 올라가고 다음 영화가 시작되기까지 남은 시간은 이십 분 남짓. 이 시간 안에 이곳저곳에 떨어진 팝콘, 구석에 짱 박힌 물티슈, 엎어진 음료, 사람들이 놓고 간 분실물 들을 다 처리해야 했다. 가까스로 시간을 맞춰 청소를 끝내고 극장문을 열고 검표를 시작했다.

〈어벤져스: 엔드게임〉의 경우 쿠키 영상(캡틴 아메리카의 방패를 물려주는 장면을 뻥 안 치고 백 번 이상은 본 듯)이 있어서 사람들이 마지막까지 다 보고 일어나기 때문에 시간이 정말 촉박했다. 혼자서 청소를 하기에 역부족일 때는 무전으로 지원 요청을 보냈지만 매점과 매표소도 이미 포화 상태로 인력난에 시달리고 있었다. 청담 CGV는 좌석이 많지 않았고, 붐비는 영화관도 아니었기 때문에 잠실 롯데시네마처럼 일하는 사람이 많지가 않았다(근데 난 왜 떨어트렸냐). 덕분에 정말 바쁘게 일했다. 일하다 보면 그러지 말아야 했지만 가끔 미소지기의 본분을 잃을 때가 있었는데, 그래서 붙은 별명이 '안 미소지기'였다. 제시간에 청소를 마치는 게 먼저고, 팝콘을 태우지 않고, 매표 줄이 금방 줄도록 빠르게 안내를 도와드리는 게 먼저가 됐다. 거의 무아지경으로 일했던 것 같다(일복 하나는 타고난 것 같다). 당시 미소지기에는 승무원을 준비하던 분들도 많이 계셨는데 힘든 와중에도 끝까지 미소를 유지하는 모습을 보며 정말 대단하다고 생각했다. 이런 분들이 서비스업을 하는 거구나.

미소를 잃었을지언정 내가 할 수 있는 걸 했다. 손님들 앞에서 매번 미소를 장착하지는 못했지만 물류가 들어오면 카트를 끌고 내려가 팝콘 옥수수와 콜라 시럽, 병 음료와 팝콘 통을 받아 창고에 정리하고,

다 떨어진 탄산 시럽을 갈며, 팝콘이 부족하지 않도록 계속 튀기고, 상영관 청소가 일찍 끝나면 청소 중인 다른 상영관에 가서 도왔다(영화관 아르바이트가 생각보다 할 일이 많죠?). 바쁘다 보니 일종의 '몰입flow'의 상태에 빠지기도 했는데, 십 분 뒤에 십이 번 상영관에 가서 십오 분 안에 청소하고 돌아와서 매점 일을 도와주고, 팝콘용 옥수수와 시럽을 가져오기 위해 창고도 한번 다녀오고, 화장실 점검도 갔다가 다시 매표하고. 거의 분 단위로 움직이다 보니 일이 지루하지가 않았다. 하나하나 과업을 달성하다 보면 어느새 퇴근 시간에 이르렀다.

"그래서 영화관 아르바이트하면 여자 친구 생기나요?"

사람들이 가장 궁금한 게 이 질문이지 않을까? 확실히 비슷한 또래들이 많고, 다른 아르바이트에 비해 함께 일하는 동료도 많아서 눈 맞을 확률도 높다. 맘에 드는 상대방이 있으면 상영관 청소를 일찍 끝내고 괜히 매점에 가서 도와준다든가 하는 식으로 겹치는 동선을 최대한 많이 만들어볼 수도 있다. 무료 영화표가 한 달에 열 개씩 나오기 때문에 퇴근하고 다 같이 영화 보기도 쉽다. 또 휴가를 쓰려면 대타를 구해야 하는데, 카카오톡으로 일정 문의를 하면서 자연스레 연락을 이어갈 수도 있다. 이렇게 하다 보면 자연스레 접점이 생기게 되는데,

"(스타벅스 기프티콘을 보내며)저번에 대타해주셔서 정말 감사했어요. 이거라도 드시면서 하세요."
"에이, 뭘 이런 걸 또. 마침 그날 시간도 비어서 괜찮았어요. 돈도 벌고 좋죠. 그나저나 이번에 일본 다녀오셨나 봐요? 저도 최근에 갔었는데……"

"그래서 넌 생겼냐?"

생기긴 했었는데, 금방 헤어졌다. 게다가 끝이 그

리 좋진 못해서 이거 하나는 확실하게 말할 수 있다.

"헤어지고 같이 영화관 아르바이트하는 것도 정말 골치 아픕니다."

사귀기 전과는 정확히 반대로 어떻게 해서든 동선이 겹치지 않게 피해 다녀야 하고, 헤어진 지 삼 일 정도 지나면 이미 다른 미소지기들에게도 소문이 쫙 퍼져 있다. 만에 하나 휴게 시간이라도 겹치는 날이면…… 상상만 해도 숨 막히네요.

다행인지 불행인지 헤어진 지 몇 달 안 돼서 2020년이 되었고, 그 이후로는 여러분도 잘 아시다시피 영화관이 전염병의 직격탄을 맞았다. 2019년과는 다르게 영화관에는 파리만 날렸다. 오전 영화는 관람객이 한 명도 없어서 상영이 취소되기 일쑤. 아르바이트생도 최소한으로만 두었다. 그렇게 유월까지 어영부영 나오다 말다 하다가 퇴사를 하게 되었다. 해볼 건 다 해봐서 후회가 남진 않았다.

일 년 넘게 영화관 아르바이트를 찍먹해보며 느낀 점이 있다. 나는 서비스업에 그리 소질이 있지 못하다. 산뜻한 미소를 머금으며 사람들의 기분까지 신경 쓸 정도의 서비스를 제공할 수 없는 인간이었다. 또, 장사도 하면 안 될 것 같다. 동네 사람들과도 살갑게 지낼 정도로 성격도 좋아야 하는데, 내가 그런 걸 잘 못하는 사람이란 걸 이 일을 하면서 몸소 깨달았다. 자기 적성을 찾아가는 데에는 소거법도 하나의 방법이 될 수 있겠다.

3) 무 뽑기

마트에서 알이 실한 제주 월동무를 본 적 있으신지? 어쩌면 지금 이 글을 읽고 있는 여러분 중 내가 뽑은(혹은 약을 친) 무를 먹어본 사람이 있을 수도 있다. 그래서 어쩌다 무를 뽑게 되었냐고 물으신다면…… 취업 사기라고 해야 할까? 처음에는 귤 따러 가는 줄 알고 제주행 비행기에 몸을 실었다. 지금부터 그 이야기를 들려드리려고 한다.

　입대도 제때 못 하고 스물두 살이 되었다. 스물둘에는 반드시 군대에 가야만 했다. 이미 학교에 휴학계도 내놓은 상황(입대하면 군 휴학으로 돌릴 수 있다), 2017년도 정초부터 시간이 붕 떴다. 뭐라도 해야 할 것 같은 의무감에 대외 활동 사이트를 뒤져 보던 중 한 달 동안 제주도에 지내며 여행도 하고, 일도 하는 '제주도 워킹홀리데이' 프로그램을 발견했다.

　'오 재밌겠는데? 가서 새로운 친구들도 사귀고 바람 좀 쐬고 오면 리프레시도 될 거야.'

　설레는 마음에 곧바로 프로그램에 신청했다. 당시 내가 상상한 그림은 또래의 대학생들끼리 모여 낮에 잠깐 귤 따기 체험 정도를 하고 나머지 시간은 하하 호호 떠들며 제주도를 느긋하게 돌아보는 그림이었다. 그러나 이미 '니주'를 보면 눈치챘겠지만, 그런 일은 결코 일어나지 않았다. 미리 스포하자면 일과 여행의 비율이 팔 대 이 정도였다.

감성적인 청춘 드라마 같은 귤 따기를 상상하며 2017년 1월, 제주도로 날아갔다. 겨울 제주는 역시나 바람이 거셌다. 제주공항에서 버스로 갈아타고, OT 장소가 적힌 곳으로 향했다. 도착해보니 이미 일고여덟 명 정도의 사람들이 모여 있었는데, 아직 통성명을 하지 않았지만 거기서는 누가 봐도 내가 막내였다. 이 프로젝트를 주도한 남자분이(삼십 대 후반에서 사십 대 초반으로 추정) 나와 프로그램 설명을 해주셨다. 이때 도망쳐야 했을까?

OT가 끝나고 서로 인사를 나눴다. 부산에서 온 커플 두 명, 전라도에서 온 대학교 졸업반 형들(서로 친구) 두 명, 부천에서 온 형들(서로 모름) 두 명, 그리고 나보다 두 살 많던 누나 두 명과 나이가 조금 더 있어 보이는 누나 한 명 그리고 나, 이렇게였다. 남자들 중에 군대에 안 간 사람은 나밖에 없어서 괜히 기가 죽었다. 이 나이 때 남자애들이 대부분 겪는 일이다.

OT가 끝나고 스타렉스에 몸을 실어 성산일출봉 근처에 있는 게스트하우스로 이동했다. 준비된 프로그램 내에서 일만 하면 되겠다 싶었는데, 생각보다 준비된 게 많이 없었다. 사람들은 대부분 귤 따기 '체험'을 상상하며 제주도에 왔지만 현지에서는 귤 따기 인력이 생각보다 많이 필요하지 않았다. 대신 '제주 월동무' 농사에 일손이 많이 필요한 상황이었다. 프로그램을 제대로 준비하지 않은 주최 측에 대한 불만들이 속속 터져 나왔지만, 이왕 온 거 한 달 생활비는 벌어야 했기에 일단은 월동무 일을 해보기로 했다.

다음 날 해도 뜨지 않은 새벽, 정신없이 스타렉스에 몸을 싣고 도착한 곳은 다름 아닌 인력 사무소였다. 믿기지가 않았다. 기껏해야 서울에서 아르바이트나 몇 번 해봤지 이런 곳에서 일하게 될 줄은 상상도 못 했다. 처음에는 길을 잘못 든 줄 알았으나, 애석하게도 맞게 도착했다. 야속하게도 스타렉스 문이 열리고 우리는 차례차례 내리기 시작했다.

대학교 '농활' 정도를 상상하고 온 스물두 살 대학생 애송이는 이 환경에 적잖은 충격을 받았는데, 이곳에 느와르 영화에서나 볼 법한 분위기가 흐르고 있었기 때문이다.

검은 간이식 비닐 천막 안으로 들어가자, 기름 난로 주변에는 형님들이 줄지어 앉아 있었다. 겨울임에도 새까맣게 탄 피부와 몸은 척 봐도 실압근으로 똘똘 뭉쳐져 있었다. 폴리에스테르 소재의 모자 위에는 선글라스가 올라가 있었고, 등산화는 진흙에 절어 있었다. 낡을 대로 낡아 갈라지고 여기저기 찢어진 레자 소파는 고된 세월을 고스란히 품고 있는 듯 했다. 거기에 천막 안에서 풍겨오는 기름과 담배 냄새가 코를 강타하면서 '진짜' 노동의 현장에 발을 들인 게 새

삼 실감이 났다. 충격적이었다. 솔직히 말하면, 쫄았다. 이 공간이 주는 위압감에 어깨도 제대로 펼 수 없었다.

스물두 살의 애송이가 이 공간에서 의지할 수 있는 건 같이 온 대학생 형들밖에 없었으리라. 정신을 차리고 영아들을 찾았지만 나와 별다를 것 없는 공허한 눈빛을 하고 있었다.

그 형님들에게도 우리는 신기한 존재였으리라. 다소 투박하지만 호기심 어린 마음으로 질문 공세를 퍼부으셨다.

"어디서 왔냐? 몇 살이냐? 아버지 뭐 하시냐? 거기 서 있지 말고 여기 와서 앉아라."

인력 사무소에 뉴비가 대거 들어왔으니, 신기할 수밖에. 분위기를 풀려고 애쓰는 마음은 느껴졌으나,

목소리가 다들 너무 무섭잖아요. 최소 이십 년은 담배를 태워야 나오는 걸걸하고 포스 있는 목소리에 도저히 편하게 앉아 있을 수 없었다.

그렇게, 무서운 형님들의 질문 공세를 적당히 대답하다 보니 누가 봐도 대장으로 보이는 소장님이 천막으로 들어오셨다. 소장님은 우리 쪽을 슬쩍 보시더니 긴 말 없이, 각 팀에 뉴비들을 배치하였다. 지금 당장 할 줄 아는 건 없고 뭐부터 해야 할지도 모르겠지만, 머릿속 본능이 얘기했다. '빠릿빠릿하게 움직여.'

형님들이 주시는 고무장화와 빨간 목장갑을 받아 끼고 신속하게 배차된 1.2톤 봉고에 몸을 실은 채 어디 있는지, 누가 주인인지도 모를 밭을 향해 출발하였다. 본능이 또다시 이렇게 말을 건네는 거 같았다. "진짜 노동의 현장에 온 걸 환영해." 창밖으로 펼쳐진 제주 바다에 해가 솟아오르고 있었다.

나에게 주어진 첫 과업은 1.2톤 봉고에 실려 있는 물통에 물을 받고 고등학교 화학 시간에나 들어봤을 법한 긴 이름의 포대를 뜯어 섞는 일이었다. 병해충을 방지하는 용도의 농약도 있었고, 식물의 생장을 돕는 약품도 있었을 것이고, 뭐 아무튼 네다섯 가지의 약품을 물탱크에 다 때려 넣었다. 재수를 한 대학교 1학년 문과생의 머릿속에는 정규교육 과정의 지식들밖에 없었다. 세상의 모순을 제대로 받아들이지 못했던 나이였던지라 농약을 치지 않은 유기농이 최고이고, 농약은 나쁜 것이란 인식이 자리 잡고 있었다. 나는 나쁜 일에 가담하고 있는 데에 약간 죄책감을 느끼기도 했지만, 그런 생각도 잠시, 당장 다음 포대를 뜯어 흘리지 않고 붓는 데 집중할 수밖에 없었다. 그렇게 섞고 섞고 돌리고 섞고 이름 모를 마법의 레시피로 약을 만들면서 본격적인 작업을 시작하게 됐다.

이제 마법의 약을 무에게 듬뿍 뿌릴 차례다. 세 명

이 한 팀을 이뤄 농약을 쳤다. 약대(농약이 분사되는 막대기)를 잡는 건 팀의 대장이 맡았고 나는 물탱크에 이어진 호스가 엉키지 않도록 대장 뒤에서 호스를 들고 따라다니는 역할이었다. 미국에서는 그냥 헬기로 농약을 뿌려버린다고 하던데, 제주도는 밭 크기가 그리 크지 않고 바람도 세서 사람이 직접 지나가면서 뿌려줘야 했다. 제주도답게 밭에 돌도 많아 밭의 구획이 사각형으로 딱딱 떨어지지도 않는다. 기출 변형 밭에도 마법의 약을 뿌려줘야 했기 때문에 이곳에 들어갈 때는 호스를 머리 위로 번쩍 들어 호스에 무가 쓸려 뽑혀나가지 않도록 주의하며 쫓아다녀야 했다. 처음에는 호스도 엉키고 발을 헛디뎌 다 자라나지 못한 무 몇 개를 훼손하기도 했지만 혼나면서 조금씩 적응해갔다. 또 신기한 점은 직접 약을 주다 보니 애정이 생겨 무들이 최대한 다치지 않으면 좋겠다는 마음이 들기 시작한 것이다.

농약 작업은 기본적으로 약대를 잡은 대장과, 열

칸쯤 떨어진 곳에서 약대의 발걸음에 맞춰 줄을 이고 이동하는 보조, 그리고 보조 뒤에서 호스가 엉키지 않도록 풀어주고 당겨주는 사람, 이렇게 셋이 작업을 한다.

보조가 밭의 끝까지 갔다가 다시 돌아올 때 호스를 다시 당겨 와야 하는데, 나는 이 작업을 가장 재밌어했다. 줄다리기하듯이 광배근으로 호스를 당겨 오며 이 호스가 엉키지 않도록 줄을 팔자 모양으로 모아 놓아야 한다. 처음에는 이 모양이 생각보다 잘 안 만들어졌는데, 형님들 하는 걸 옆에서 지켜보면서 노하우를 배워갔다. 그렇게 오전에 밭 세 개 정도를 돌다 보면 점심시간이 된다. 그 형님들이랑 다니며 좋았던 점은 관광객이 아닌 제주도민들이 가는 국밥집이나 고기국숫집을 갈 수 있었던 것이다. 밥을 두 공기씩 먹고 배를 든든히 채운 다음 해가 질 때까지 오후 작업을 마무리했다. 이게 나의 하루 일과였다. 농사는 해 뜰 때 시작해서 해가 질 때까지 이어졌다. 그래도 겨울이라 해가 늦게 뜨고 일찍 졌다. 이렇게 하루 일하면 구만 원 정도를 벌었다. 그렇게 농약으로 절여진 한 달 간의 제주 라이프가 시작되었다.

약을 치다 보면 제주도의 강한 바람에 농약이 얼굴에 튀면서 피부가 뒤집어지기도 하고, 노가다 형님들의 수위 높은 대화에 머리가 어질어질해지기도 했지만 이런 경험을 또 어디 가서 해봐? 내가 상상하던 감성적인 귤 따기 체험과는 정반대인, 실압근 형님들과 함께하는 뜨거운 육체노동이었지만 나는 이 한 달의 시간 동안 학교나 책에서는 배우지 못하는 실제 노동 현장을 경험할 수 있었다.

밭과 밭 사이를 이동하며 형님들과 대화하는 시간이 많았는데, 짓궂은 아저씨들도 있었지만 험악한 첫인상과는 다르게 사연 있는 사람도 많았다.

한때 사업으로 잘나가다가 망하고 빚을 갚기 위해

전국을 돌고 있는 형님, 평범한 직장에 다니다 짤리고 이곳에 뛰어든 형님, 딸의 피아노 레슨 비용을 벌기 위해 내려온 형님 등, 사연도 아주 다양했다. 필리핀에서 유학하는 자녀들을 위해 일을 하고 계신 형님도 있었다. 아이들과 와이프에게는 직장을 다니고 있다고 거짓말했지만, 이미 짤린 지는 오래고 삼 년째 이 일을 하면서 필리핀으로 돈을 부치고 있다고 했다. 마음이 무거웠다. 험악했던 첫인상을 보고 내 멋대로 판단했던 자신을 반성했다.

그래도 빚도 갚고, 자녀들의 유학비도 대줄 수 있었던 이유는 이 일이 꽤 돈이 됐기 때문이다. 뉴비인 나는 일당으로 십만 원 정도를 버는 게 다였지만, 숙련자는 나보다 몇 배는 더 벌었다. 한 달에 이십 일 정도 일을 나가다 보면 금액이 꽤나 쏠쏠했을 것이다. 이분들의 루틴은, 겨울에는 제주도에서 월동무 뽑기 작업을 하고 여름에는 강원도 고랭지에 가서 배추 뽑기 작업을 하신다. 배추 농사는 제주도 월동무보다 밭 크기도 훨씬 넓고 많은 인력이 동원된다고 했다. 학교 시험문제로 출제되던 '고랭지 농업'을 직접 경험한 사람의 이야기. 나 같은 MZ들이 이런 걸 대체 어디 가서 들을 수 있겠는가?

한 달 동안 같이 동고동락한 열 명의 형, 누나들과도 너무 잘 지냈다. 다들 좋은 사람들이라 막내인 나를 잘 챙겨주었다. 중간에 이 프로그램의 기획자랑 다투며 우리가 독자적으로 숙소도 다시 구하는 등 약간의 갈등도 있긴 했지만, 그래서 더 기억에 남는 거 같기고 문제도 무사히 마무리되었다. 평일에는 약을 치고, 주말에는 놀러 다녔다. 제주 올레길도 걷고, 눈꽃으로 뒤덮인 한라산을 같이 올랐다.

서울로 돌아오고 유월에 입대하기 전까지 제주도에서 만난 분들과 종종 만나며 인연을 이어왔지만, 여느 인연이 그렇듯 시간이 지나며 자연스레 연락이 끊기게 되었다. 어렸을 때는 좋은 추억을 함께한 사람들과 멀어지는 걸 받아들이지 못했다. 그래서 나에게 혹은 상대에게서 문제를 찾았던 거 같다. 그런데 좀 더 살다 보니 이런 일이 너무나 자연스러운 현상이란 걸 이해하게 되었다. 나아가는 방향도 점차 달라지게 되고 각자 자리에서 치열하게 살아가다 보면 옛 인연에 신경을 쓰기 어려워진다. 이를 이해하고 받아들인다는 것이 어떻게 보면 어른이 되어가는 과정인 것 같다.

알바 찍먹에서 배운 점

레스토랑, 영화관, 농사 말고도 백화점 아디다스 매장, 수제 맥줏집, 사무직 알바 등, 최대한 다양하게 찍먹해보았다. 이렇게 찍먹해보고 배운 점이라면, 눈치와 공감대가 아닐까?

카페에서 음료가 주문과 다르게 나와도 그냥 주는 대로 먹고, 음식점에서 음식이 나오는 데까지 조금

오래 걸려도 주문만 제대로 들어갔다면 느긋하게 기다리고, 잔반은 최대한 안 남기며, 테이블에 음식이 떨어지지 않도록 접시를 바짝 갖다 대서 먹고, 영화관에서는 팝콘을 바닥에 떨어트리는 일 없이 조심해서 먹으려고 한다. 노동의 고됨을 알기에, 허리 한 번이라도 덜 굽히도록 작은 배려들을 하려고 한다.

당시에는 일도 고되고 남들은 스펙 쌓는 동안 나만 시간을 낭비하는 게 아닌가 했지만 돌이켜보면 새로운 인연을 만나고, 육체노동의 귀함을 알게 되고, 나만의 이야기를 만들어가는 시간이었다. 그리고 운이 좋으면 그 이야기가 이렇게 종이에 찍혀 책으로 나올 수도 있다. '세상에 쓸모없는 경험은 없다'는 말이 맞는 것 같다.

로 다시 가고 싶어."

"운동장은 잔디밭이야?"

"아니. 똑같이 흙바닥이던데?"

"뭐여. 서울 별거 없네. 청주 언제 놀러 와?"

"글쎄, 여름방학은 돼야 갈 수 있지 않을까?"

짧은 봄방학이 끝나고, 새 학기가 시작되었다. 새 학기인 만큼 나도 전학생 신분을 벗어나서 새로운 친구들과 어울릴 수 있었다. 시기도 잘 맞아떨어졌고, 걱정과는 다르게 나름 잘 적응할 수 있었다. 역시 남자들은 공 하나로도 친해질 수 있었다. 초등학교 때 축구부를 했던 실력이 서울 생활에 적응하는 데 큰 도움이 되었다. 축구 좀 찬다는 친구들과 같이 볼을 차며 친해지게 됐고, 다른 학교와의 대항전에도 나를 끼워주었다. 자연스레 나는 축구하는 친구들에 소속됐고 중학교 3학년은 거의 축구만 하다 보낸 거 같다.

서울에 와서 일 년 정도 살아보니 확실히 청주와

다른 점들이 존재했다. 우선 서울에는 '시내'라는 개념이 없었다. 처음 서울에 와서 친구들을 사귀고 "여기는 시내가 어디야?" 물어봤는데, 이해를 못하더라.

"시내? 시냇가 말하는 거야? 한강은 있는데……."
"그럼 영화 보러 어디로 가?"
"영화? 가까운 데는 천호동이나, 아님 굽은다리도 있고. 좀 더 가면 잠실이나 스타시티로 가지."
"음, 그렇구나."

속으로는 무척이나 충격받았지만, 촌놈 소리 들을까 봐 내색하지는 않았다. 그렇다. 서울은 영화관이 아주 많다. 청주는 무심천 지나 성안길에 영화관이 있었는데 영화 보러 간다는 청주 사람들은 전부 다 성안길로 모였다. 백화점도 성안길에 있고, 영화관도, 교복 집도, 프랜차이즈도, 데이트하는 사람들도 성안길에 있었다. 성안길을 돌아다니다 보면 자연스럽게 반가운 얼굴들을 자주 마주쳤다. 청주의 모든 길은 성안길로 통했다. 그런데 서울은 성안길만 스무 개가

3

교복 컬렉터!?
전학생이 살아남는 방법

나는 충청북도 청주 흥덕구에서 유년 시절을 보냈다. 유치원부터 초등학교 그리고 중학교 이 년(약 십오 년)을 청주에서 나고 자랐다. 친구들과 편을 가를 때는 '앞초뒤초앞초뒤초'로 나눴고, 영화를 보거나 친구들과 마음먹고 놀러 나갈 땐 '시내'로 향했다. 말끝에는 자연스레 "뭐여"가 붙었고, 돌려 말하기는 기본 패시브로 자리 잡았다. 공 하나에도 행복해하던 가장 활기 넘친 시절을 뒤로하고 중학교 3학년으로 올라가던 이월, 서울로 오게 됐다. 처음 서울에 발을 디디던 순간이 잊히지 않는다. 반 친구들은 신기해서 몰려들었다.

"어디서 왔어?"

"청주."

"청주가 어디야? 충주는 아는데? 거기 뭐가 유명해?"

'음…… 뭐가 유명했더라?'

"직지?"

"직지가 청주 꺼야?"

"어…… 용두사지 철당간 알아?"

청주에 뭐가 유명하냐는 물음에 쉽시리 대답을 내놓지 못했다. 머릿속에는 어릴 때 친구들이랑 뛰어다니던 놀이터와 뒷산에 있던 '방방', 친구들과 놀러 간 계곡들이 스쳐 지나갔지만 라포 형성이 아직 안 된 친구들에게 설명하기가 영 어려웠다. 그렇게 집에 가서 네이트온을 켜고 청주 친구들과 채팅을 했다.

"뭐여? 서울 어때? 63빌딩 가봤어?"

"몰러. 안 가봤어. 서울 너무 어렵네. 복잡혀. 청주

넘었다. 무슨 영화관이랑 백화점이 이리 많은지.

인프라야 뭐 서울이니까 당연히 더 좋으리라 예상하기도 했고 새로운 환경에 금방 적응했지만, 사실 더 충격받은 것이 있다. 사실 이건 서울에 산 지 십오 년이 넘은 지금까지도 완전히 적응하지 못한 건데, 바로 직설적인 화법이다. 충청도에서는 직설적으로 말하지 않는다. 천성적으로 좋고 싫고를 확실하게 얘기하지 않는데, 다른 지역 사람들 눈에는 답답해 보일 수 있다. 충청도인에게 "뭐 먹고 싶어?" 물어보면 단번에 대답이 나오지 않는다.

"피자 어때?"

"글쎄…… 뭐…… 원래 피자 좋아해?"

"별로야?"

"아니, 뭐 그런 건 아니고."

"아니면 떡볶이 어때?"

"뭐 그냥저냥 먹을 만하긴 한데, 단백질이 너무 부족하지 않을까?"

"그래서 싫다고? 그럼 치킨으로 해……."
"치킨 괜찮네……."

 단번에 대답하면 뭐랄까. 너무 내 의견을 강하게 밀어붙이는 건 아닐까? 하는 걱정이 앞선다. 이제는 듣는 입장에서 답답함을 느낄 걸 알고 있지만, 그럼에도 직설적으로 얘기하는 건 아직도 어색하다. 예로부터 신라와 백제 사이에 껴 있던 충청도는 눈치를 보며 살아야 했기 때문에, 직설을 피하고 완곡하게 말하는 문화가 생겼다는 말이 있다. 시대에 따라 주인이 바뀌는 지역이어서, 말 한번 잘못하면 목이 날아갈 수 있기 때문에 애매하게 말하는 화법이 발전했다고(참고로 청주 홍덕구는 지난 아홉 번의 대선 결과를 모두 맞혔다. 청주 홍덕구의 개표 결과가 전국 득표율과 비슷한 수준을 보여서, '대통령 백 퍼센트 적중 지역'으로 명성을 떨치고 있다). 어느 정도 맞는 거 같다. 나름의 생존 방식이랄까? 주변에 충청도 출신이 있으시다면 너무 답답해하지 마시길. 상대의 의중을 파악해 최선의 결론을 내려는 나름의 배려일 수도 있으니.

마지막으로(사실 이건 아직도 적응 안 됨) 편 가르기 구호에서 굉장한 문화 충격을 받았다. 지금이야 예능이나 매체에서 많이 다루기도 해서 지역마다 구호가 다르다는 인식이 있지만, 당시에는 정보가 없었기에 직접 몸으로 부딪혀가면서 배워야 했다. 어릴 때는 축구를 하든, 피구를 하든, '경찰과 도둑' 놀이를 하든 팀을 가르기 위해서는 항상 '앞초뒤초앞초뒤초'를 외치면서 손바닥을 뒤집었는데 서울에서 팀을 짜려고 하니 '데덴찌~'라는 마치 일재의 잔재 같은 말을 뱉는 게 아닌가? 아니, 이 무슨 근본도 없는 구호란 말인가? 데덴찌가 대체 뭔 뜻인데? 내가 아무리 서울 놈들의 인프라에 기가 눌려서 시내 이야기에는 입도 뻥끗 못 했지만 이 사안은 도저히 용납할 수 없어 박박 대들었다. 아무리 에둘러 이야기하는 충청도 사람이라도 이건 참을 수 없었다.

"뭐라고? 데덴…… 뭐?"

"데덴찌."

"그게 뭔데?"

"팀 나눠야지."

"근데 데덴찌가 뭐냐고."

"그럼 뭐라고해?"

"앞초뒤초"

"그게 뭔데 촌놈아."

애들이 비실비실 웃는다.

"아, 서울 놈들 진짜 근본 없네. 뭔 데덴찌야."

"앞초뒤초가 더 웃겨."

"아니 적어도 앞초뒤초는 방향성은 나타내잖아. 데덴찌는 진짜 뭔데? 일본어야?"

"그래서 할 거야, 말 거야?"

"하……."

 내가 아무리 서울 놈들에게 따져보더라도 쪽수에서 밀릴 수 밖에 없었다. 어쩔 수 없이 나는 '데덴~찌' 구호에 맞춰 손바닥을 뒤집었지만, 결코 내 입밖으로 '데덴찌'를 외치지 않았다. 이건 자존심이 걸린 문제다. 내 입에서 '데덴찌'란 말이 나올 일은 앞으로도 결코 없을 것이다. 십오 년의 서울 생활에서도 결코 굽히지 않은 나의 신념이다. 미래의 내 자녀들에게도 팀을 나눌 땐 '앞초뒷초'라고 알려줄 것이다. 그리고 자녀들에게도 나가서 기꺼이 싸우라고 말할 것이다. "데덴찌에 굴복하지 말 거라, 아이들아." 아무리 에둘러 말하는 충청도 사람이라도 칼을 뽑을 땐 뽑아야 하는 법이다. '데덴찌'가 그때다. 사백만의 충청도인이여, 결코 '데덴찌'에 굴복하지 말자. '앞초뒤초'가 주류로 떠오를 그날까지. "반叛데덴찌단 만세!"

서울에서의 문화 충격을 고스란히 받느라 다소 삐걱거림이 있었지만, 그래도 무사히 중학교를 마치고 강동구의 한 고등학교로 진학하게 되었다. 고1이 되고 서울 생활이 나름 적응됐는지 반장으로 뽑히고, 공부도 나름 열심히 하며, 선생님들과의 관계도 좋았고, 하던 대로 축구도 하면서 꽤 괜찮은 고등학교 1학

년을 보냈다. 이쯤이면 역마살이 의심되는데, 고등학교 2학년 때 또 전학을 가게 된다. 이번엔 강남으로 갔다(이것도 사연이 긴데…… 어느 집안이나 각자의 사정이 있는 법이니). 이번엔 정말 너무 가기 싫었지만, 미성년자의 나이로 어쩔 도리가 없었다. 고등학교 1학년을 너무나 잘 지냈는데 갑자기 전학을 가면서 삐뚤어지게 되었다. 고등학교 2학년이라는 시기가 시기이다 보니, 내 마음도 다른 친구들에게 별로 열리지 않았고 축구라는 매개체가 그리 큰 힘을 발휘하지 못했다. 어영부영 졸업했지만 이 시절이 텅 빈 기억으로 남아 있다.

집에는 교복이 쌓여만 갔다. 청주에서 다녔던 중학교 동하복(두 벌), 서울에서 다녔던 중학교 동하복(두 벌), 고등학교 동하복(두 벌), 강남에 있는 고등학교 동하복(두 벌). 여기다 셔츠나 바지는 한 장씩 더 샀을 테고. 우리 집은 삼 남매다. 여기에 숫자 삼을 곱하면 대충 우리집에 있는 교복 수가 나온다. 이때 교복이 좀 비쌌나? 아이비클럽, 엘리트, 스마트. 지금 생각해도 가격이 너무했다. 요즘은 교복 가격이 많이 안정화되었다고 하는데 정말 다행이다.

이렇게 전학을 많이 다녔지만, 나 스스로 자랑스럽게 생각하는 점은 각 학교마다 지금까지 연락하는 친구 한 명씩은 남겼다는 것이다. 초등학교 때부터 알고 지내던 청주 여자애는 간호사를 하다 지금은 서울에서 직장을 잘 다니고 있고, 중학교 때 같은 반이었던 청주 친구와는 연이 깊다. 불과 작년까지 같은 건물에서 자취를 했다. 벌써 인생의 반 이상을 알고 지낸 너무나도 소중한 친구들이다. 서울에서 만난 친구들과도 여전히 잘 지내고 있고, 정이 가지 않았던 고등학교 시절에 만난 음악하는 친구와도 연락을 이어오고 있다. 최근에는 조금 뜸해지긴 했지만. 각자 다른 배경을 지닌 친구들과 서로의 앞날을 응원해주는 친구들이 있다는 사실이 나에게는 너무나 큰 힘이다.

이렇게 전학을 많이 다니면서 배운 점도 있는데, 지방과 서울에서 모두 학창 시절을 보내보며 정말이지 다양한 인간 군상들을 만났다. 이런 학창 시절이 어쩌면, 어디서든 어떻게든 적응하며 살아왔던 '찍먹인간' 탄생의 기원이 되지도 모르겠다. 무엇보다 이런 바퀴벌레 같은 생존력! 계속해서 새로운 환경에

던져지고 살아남다 보니 눈치가 빨라졌다. 이 눈치로 제주 무 밭에서도, 군대에서도, 수많은 대외 활동과 인턴 생활 속에서도 무사히 큰 사고 없이 생존할 수 있었다.

또 네 개의 학군을 다니면서 나름의 빅데이터가 쌓였는데, 소위 일진이라 불리는 녀석들은 어딜 가나 존재했다. 그리고 필연적으로 '이진'도 항상 비슷한 비율로 존재했다. 대략 한 반에 일진 두 명, 이진 네 명 정도. 인간이 무리를 지어 지내다 보면 자연스럽게 구성되는 구조인 것 같기도 하다. 학창 시절에는 이진 애들의 포지션이 약간 애매해서 나중에 뭐해 먹고 사려나 괜한 남 걱정을 하기도 했는데, 살아 보니 잘 살더라. 이진으로 존재하기 위해서는 생각보다 눈치도 빨라야 하고, 이해관계에도 빠삭하며, 생존 본능도 뛰어나야 했다. 어느 정도의 깡도 있어야 하고. 이진 애들이 장사 꽤 잘하던데? 오히려 일진 출신 애들보다 더 잘 사는 것 같다. 물론 내 주변에 한정

된 이야기이긴 하지만.

  마지막으로 배운 점은, 몸이 멀어지면 마음도 멀어진다는 것이다. 서울로 전학을 오고 시간이 지나면서 청주 친구들과 자연스레 연락이 끊겼다. 공통 관심사가 사라지니까. 그러나 그 와중에도 남는 사람들이 있는데, 그런 친구들에게는 더 잘해야 한다. 연락도 굳이 하고, 생일 축하도 해주고. 세월 속에서 거르고 걸러진 인연들이니까.

4

내가 소설을 읽는 이유

나는 '집착서점'이라는 부캐로 사람들에게 책을 소개하는 영상을 만들고 있다. 이 부캐도 사실 이것저것 찍어 먹어보다가 어떻게 하나 얻어걸렸다. 광고대행사를 다니며 기업의 인스타그램 계정도 운영해보고, 개인적으로 AI로 '그리스로마신들의 캠퍼스 라이프' 그림을 뽑아서 업로드도 해보고, '럽스타그램'도 해봤다. 블로그, 브런치, 스레드도 해보다가 하나 우연치 않게 얻어걸린 것이 바로 '집착서점'이다. 2024년 1월 1일, 친구랑 같이 새해 일출도 보고 돈도 벌 겸 아차산 해맞이 행사 안전 요원 아르바이트를 했다. 새해 첫날 새벽, 군자역 근처 사무실에 모여 안전 물품과 전파 사항을 전달받고 아차산으로 향했다. 나의 임무는 간단했다. 경광봉을 하나 들고 사람들에게 질서 있게 올라가달라고 하면 끝이었다. 문제는 추위였다. 오 년 전 강안 경계 부대에서 칼바람을 맞으며 초병 근무도 섰던 나였기에, 방한 대책을 강구해 갔지만 역시 발가락부터 올라오는 한기에 삼십 분이 지나자 발을 동동 구르게 됐다. 친구와는 멀리 떨어져 있어서 대화도 할 수 없었고, 손이 시려 핸드폰도 볼 수 없었다. 그렇게 그 자리에서 꼼짝없이 다섯 시간을 서 있었다. 추위와 싸우는 한편 머릿속에서는 올 한 해를 어떻게 살지에 대한 고민이 깊어져만 갔다. 역시 사람은 고생을 해봐야 자극을 받는다. 추위에 벌벌 떨면서 '오늘 집에 돌아가면, 그냥 까짓것 얼굴 까고 영상 한번 찍어보자'는 결심이 섰다. 지금까지는 사람들이 나를 알아보면 어쩌나 부끄러움을 이겨내지 못했지만 추위에 머리가 헤까닥했는지 까짓

것 뭐 어떠냐는 결심이 들었다. 그렇게 안전 요원 아르바이트를 무사히 마치고 십만 원의 하루 수당을 확인한 다음 집에 와서 내리 낮까지 잠이 들었다. 잠에서 깨자마자 무슨 주제로 영상을 찍을지 고민했다. 그러다가 그나마 남들보다 조금이라도 더 꾸준히 해온 독서, '책'을 주제로 영상 스크립트를 구성했다. 처음에는 가볍게 시작하면 좋을 것 같아 겨울에 읽기 좋은 자극적이고 재밌는 소설인 히가시노 게이고의 『연애의 행방』을 소개하기로 했다. 준비는 끝났다. 그렇게 나는 오 년 된 아이폰XS 앞에 섰고, 촬영 버튼을 눌렀다. 2024년 1월 4일, '집착서점'의 첫 영상이 업로드되었다.

1) 왜 하필 책인가?

사실 나는 어릴 때부터 책을 많이 읽은 편은 아니다. 엄마는 역사 덕후라 젊을 때부터 책을 많이 읽었지만, 나는 학창 시절에 웬만큼 책과 담을 쌓았다. 책은 따분했다. 나가서 친구들과 공 차고 노는 게 훨씬 좋았다. 국어 교과서에 실린 한국 문학 지문들도 그다지 나의 마음을 건드리지 못했다. 역시 나는 문학이랑은 안 맞는 사람이구나, 생각하며 굳이 시간을 내 따로 책을 찾아보지 않았다. 월수금에는 영어 학원에, 화목토에는 수학 학원에 갔고, 토요일 오전에는 공 차러 나갔다. '책 읽을 시간이 어딨어, 그 시간에 영어 단어라도 하나 더 외워야지.' 제대로 책을 읽기 시작한 건 대학교에 가서부터였다. 대외 활동을 하며 우연히 『지적 대화를 위한 넓고 얕은 지식』의 저자 채사장 님의 강연을 듣게 되었는데 그때 채사장 님이 하신 말씀이 나를 단숨에 바꿔놓았다.

채사장 님은 책 읽는 행위가 경제학적으로 "개이득이다"라고 말씀하셨다.

"경제학적으로 (재화의 가격이 가치와 딱 맞아떨어지는 건 아니지만), 대체로 좋은 물건일수록 시장에서 더 높은 가격을 받는다." 고전 경제학에서 재화의 가격은 가치에 비례한다. 좋은 물건은 비싸다. 장인이 좋은 원단을 가지고 한 땀 한 땀 정성스럽게 만든 옷은 비싸다. 학군이 좋은 집, 제로 백이 좋은 차, 스위스 장인이 만든 시계, 기술 집약적인 카메라, 좋은 성능을 가진 컴퓨터는 비싸다. 그런데 좋은 책은 싸다. 심지어 공짜로 볼 수도 있다.

누군가가 평생 살아오며 경험과 지식의 총체를 집약한 작품을 우리는 단돈 만 원이면 대리 경험할 수 있다. 그리고 좋은 책은 누군가에게 천만 원 이상의 가치를 가져다 줄 수도 있는 잠재력이 있다(『타이탄의 도구들』한 권으로 성공한 수많은 타이탄들의 이야기를 들을 수 있다) 이만한 개이득이 어디 있는가? 좋은 책은 많이 읽으면 읽을수록 이득이다. 합리적이다. 남들 읽을 때 안 읽으면 손해다.

지금 생각해보면 허점이 많긴 하지만, 나는 책을

읽어야 하는 경제학적 이유에 매료되었다. '독서 이거 완전 개이득이네? 내가 이제까지 손해 보며 살아왔구나. 빌 게이츠랑 워렌버핏 형님도 책을 엄청 많이 읽는다며.' 나는 자기 멋대로 식 해석을 덧붙여 스스로를 합리화하고 본격적으로 책을 읽기 시작했다.

  채사장 님 강연을 들은 후로부터 칠 개월이 지나고, 나는 입대를 앞두고 있었다. 정말 가기 싫었다. 두 번 다시는 안 올 나의 푸르른 청춘을 산골짜기에서 허비해야 하다니. 딱히 군대를 뺄 수단도 없었다. 부모님이 건강하게 낳아주신 덕분에 아픈 곳도 없었고, 어릴 적에는 내가 군대를 갈 쯤에는 통일이 될 줄 알았지만 간절한 소망과는 다르게 우리나라는 여전히 분단국가였다. 입대일은 점점 다가오고, 사회에 대한 불만은 커져만 갔다. 아까운 내 청춘. 그럼에도 바꿀 수 없는 것들에 대해 불만을 표출하면 나만 손해였다. "피할 수 없으면 즐겨라." 이왕 이 젊음을 불살라서 군대에 가야만 한다면 뭐라도 얻어 와야겠다는 생각에, 나는 군대에 가기 전 두 가지 목표를 세웠다. 너무 많으면 못 지키고 흐지부지될 것 같아서 딱 두 개. 턱걸이 열일곱 개 당기기. 그리고 책 오십 권 읽기. 턱걸이가 왜 스무 개도 아니고 애매한 열일곱 개냐고 묻는다면 그 시절 〈런닝맨〉에서 유재석 님이 미션으로 수행한 턱걸이 개수가 열일곱 개였기 때문이었다. 책은 그냥 정했다. 한 오십 권 읽으면 내가 변하지 않을까?

그렇게 나는 훈련소에서 입소했고 첫 주차부터 목표를 착실히 수행해나갔다. 의외로 훈련소 생활관마다 책이 비치되어 있었는데, 훈련이 끝나고 개인 정비 시간에 할 것도 없는 나는 책을 펴 손에 들었다. 군대에서 처음으로 읽은 책은 김수영 작가의 『멈추지 마, 다시 꿈부터 써봐』였다. 책이 그렇게 많지도 않았지만, 꿈과 열정으로 똘똘 뭉친 청춘 시절의 나는 '꿈'이라는 단어를 굉장히 좋아했던 거 같다. 그렇게 훈련소 생활 중에도 틈틈이 다섯 권을 읽었다. 벌써 십

분의 일을 채웠다. 입대 전에 목표를 세우길 정말 잘했다. 막연하기만 했던 오십 권을 읽을 수 있겠다는 자신감이 생겼다.

훈련소를 수료하고 강안 경계 부대로 자대 배치를 받았다. 다행히도 경계 부대는 서른 명 남짓이 모여 사는 소초 생활을 했는데 소초마다 독서 카페가 있었다. 경계 근무가 끝나고 사지방(사이버 지식 정보방)에 가는 대신 나는 독서 카페와 헬스장으로 향했다.

사지방에서 페이스북과 인스타그램으로 바깥 사회를 염탐하는 것도 물론 재미있지만, 나는 이 년 후 변할 내 모습을 꿈꾸며 시간이라는 자원을 오롯이 나에게 투자했다. 그 과정은 나의 소나기(소중한 나의 병영 일기)에 고스란히 담겨 있는데 지금 훑어봐도 살면서 목표를 위해 이렇게 독하게 달린 적이 있나 싶다. 젊을 때 강제 디지털 디톡스로 사회와의 고립된 이십일 개월을 보냈던 시간은 이후의 나에게 소중한 자양분이 되어주었다. 이때 읽은 책들을 지금도 '집착서점'에서 써먹고 있으니까. 물론 당시에 군대에서의 독서가 SNS로 연결될 줄은 꿈에도 몰랐다.

그렇게 군 생활을 무사히 마치고, 2019년 2월에 전역을 했다. 당시 나는 쉬지 않고 열두 개의 턱걸이를 할 수 있었고, 소나기에는 예순아홉 권의 독후감이 담겨 있었다. 약 70퍼센트의 달성률(턱걸이 실패). 또 굳이 좋게 해석해본다면 104퍼센트의 달성률(독서 초

과 달성)이었다.

뭐가 어떻든 나는 입대 전보다 훨씬 더 성숙해져 있었다. 그때 읽은 책들은 지금도 유튜브 채널 활동에 큰 도움이 되고 있는데, 시간적으로 아주아주 여유가 있던 때라 『사피엔스』, 『코스모스』, 『헤로도투스 역사』, 『이기적 유전자』 같은 대표적인 벽돌책들을 차근차근 읽을 수 있었고, 이걸 칠 년 넘게 우려먹고 있다.

책을 좀 읽다 보니 가장 눈에 띄게 변한 건 비판적 사고다. 흔히 책을 딱 한 권만 읽은 사람이 제일 위험하다고들 한다. 나도 처음에는 책이 하는 말을 곧이곧대로 맹신하고, 한 권의 지식으로 인생이 획기적으로 바뀔 것 같은 착각에 빠지곤 했다. 학습을 시작한 사람이면 누구나 겪는 통과의례일 것이다. 하지만 관련 분야의 책을 차츰 여러 권 읽다 보면 '어? 이건 좀 극단적인데?' 싶은 부분이 눈에 띄기 시작한다. "행복은 결국 ○○이다"라든가, '○○만 하면 무조건 성공한다' 같은 단정하는 문장들이 점점 의심스러워졌다. 삶은 여전히 풀지 못한 것들로 가득한 수수께끼이고, 나는 이 상태가 오히려 자연스럽다고 생각한다.

이런 생각, 저런 생각이 쌓여 나는 군대라는 특수한 환경에서 책을 읽고 글을 쓰며 오십 권이라는 목표를 완주했고, 스물두 살의 나보다 조금은 더 단단한 모습으로 위병소 밖으로 걸어 나올 수 있었다.

요즘은 부대마다 핸드폰을 사용한다. 나도 병장 때 시범 적용으로 이십 일 정도 사용해봤다. 만약 지금같이 자유롭게 핸드폰을 쓸 수 있는 환경이었다면 목표 달성에 실패하지 않았을까? 나에게는 강제 디지털 디톡스가 여러모로 큰 도움이 되었다. 작가들이 옥중에 작품 활동을 활발히 한 것처럼, 나는 고라니들에 둘러싸여 책을 읽고 글을 썼던 것이다.

2) 그럼 왜 하필 소설이냐?

앞전에 언급했다시피 군대에서 소설만 읽은 건 아니다. 인문학, 역사서, 대화법, 자기계발서 등 손에 잡히는 대로 읽었다. 그중에 소설도 일정량 섞여 있었다. 그런데 어느 정도 읽다 보니 소설 읽기가 조금 더 재밌어졌다. '국민독서실태조사'를 보면 한국의 성인 인구 중 절반 이상이 일 년에 책 한 권도 안 읽는다고 하는데, 그중에서도 소설을 한 권이라도 읽는 사람은 더 적을 것이다. 그중 남자는 훨씬 더 적겠지. 요즘은 소설을 읽는 사람이 워낙 적어지다 보니 오히려 읽는 사람이 특이해 보인다. 그렇게 어쩌다 보니 나만의 포지셔닝이 만들어진 것 같아서 감사하긴 한데, 한편으로는 씁쓸하기도 하다. 나는 책을 읽고 소개하는 콘텐츠를 주로 만들기 때문에 요즘은 일 년에 소설만 대략 예순에서 일흔 권 정도 읽는다.

내가 소설을 읽는 이유는 다양하다. 그중 가장 큰 이유는 역시 '뼈다귀 이론'에 부합하기 때문이다. 소설을 읽다 보면 삶을 다양한 상황과 다양한 각도에서 찍먹해볼 수 있다. 1차 세계대전 당시 참호 속에 갇힌 병사가 되어볼 수도(『서부 전선 이상 없다』), 상어와 싸우는 어부가 되어볼 수도(『노인과 바다』), 개화기 시대의 기생으로 살아볼 수도(『작은 땅의 야수들』) 있다. 영화와 유튜브가 절대 충족시켜주지 못하는 경험들이다. 흉내는 낼 수 있겠지만 깊이가 전혀 다르다. "영화는 술이고, 책은 물이다"라는 이동진 평론가의 말씀에 크게 공감한다. 내가 제일 좋아하는 작가 무라카미 하루키의 작품 속 주인공은 대부분 젊은 여성이다. 그 이유는 순전히 그게 "더 재밌어서"라고. 하루키는 현실에선 중년의 남성이지만, 소설 속에서만큼은 젊은 여성의 시선으로 세상과 인간을 바라보고 싶었던 걸까? 그런 점마저 소설을 읽는 재미인 것이다.

쓰는 사람만큼 생생하게 느끼진 못하겠지만, 작가의 손을 떠난 작품은 이제 독자들만의 세상으로 재탄생하게 된다. 그렇게 하나하나 읽을수록 나에게는 세상을 바라보는 새로운 안경이 하나씩 주어지게 되는데, 그 안경들로 하나의 현상을 보다 다각적으로 바라볼 수 있게 해준다. 그게 삶에 무슨 도움이 되냐고 굳이 물으신다면, 삶을 보다 초연하게 살아가는 데 도움이 된다고 말하고 싶다. 관대해지기도 하는 것 같고. 힘든 상황이 닥치면 세상이 나만 억까한다며 한탄하기보다는 '아, 올 게 왔구나. 그치만 이것도 지나가겠지.' 하게 된다.

도스토예프스키의 『죄와 벌』에는 이런 대목이 나온다. "고난은, 로지온 로마노비치, 위대한 것입니다." 고난은 웬만해선 겪고 싶지 않은 MZ이지만, 피한다고 피할 수 있는 게 아니라는 사실 또한 인지하고 있다. 고난은 분명 올 것이다. 그 고난을 이겨내면 나는 분명 더 나은 사람이 되어 있을 것이다. 위대한 작가들이 공통으로 이야기하는 부분이자, 인생에 대해 논하기엔 짧은 삼십 년 인생이지만 찍먹을 통해 경험적으로 알게 된 것이기도 하다.

믿었던 사람에게 배신을 당하더라도 '이 못된 새끼 네가 어떻게 나한테 그래'라고도 분명 생각하겠지만 그래도 결국 인간은 모두 회색 지대에 있다는 점을 인정하고 그 사람의 단점도 이해해보려 노력하는 것 같다. 그래서 소위 '나락'을 간 공인들에게 크게 실망한다든가 '그럴 줄 알았다든가' 하는 식의 이야기를 별로 좋아하지 않는다. 잘못한 건 잘못한 거지만 나한테까지 해를 끼친 일인가? 회색 인간에게서 밝은 모습만 보다가 상대적으로 어두운 모습을 봤다고 해서 '그 사람 그렇게 안 봤는데……'라고 생각하지는 않는다. 인간에게는 이런 모습도 저런 모습도 있는 것 아니겠는가.

'어쩌면 우리는 나락 자체를 즐기는 건 아닐까?'

인간은 다른 사람의 불행을 볼 때 측좌핵(뇌의 좌우에 신경들이 모인 곳)이 활성화되어 쾌감이 유발된다고 한다. 불편한 진실이지만 인간의 이런 면모도 인지할 필요가 있다.

도스토예프스키 『죄와 벌』의 라스콜리니코프의 시점을 따라가다 보면 한 개인에게도 참으로 다양한 모습이 있구나 싶다. 촉망받던 인재이자 어머니의 자랑스러운 딸이었던 그가 자기혐오에 빠져 벗어날 수 없는 굴레에 빠지기도 한다. 러시아 소설은 워낙 읽기 어렵다는 악명 때문에 손이 잘 안 가긴 하겠지만 한쪽에 펜으로 등장인물을 정리하면서 읽다 보면 시도 못 할 것도 아니다. 유명한 소설에는 유명한 이유가 있는 법. 아직 안 읽어봤다면 러시아 소설도 한번쯤 도전해보시길.

소설을 읽으며 생긴 다양한 관점(렌즈)들이 때때로 나 자신을 비추기도 한다. 총탄이 빗발치고, 배가 흔들리고, 우주선 속을 둥둥 떠다니는 상황 속에서 나는 과연 어떤 선택을 할 것인가? 소설을 읽다 보면 '나라면 어떤 선택을 할 것인가?'에 대한 물음에 답하는 시간이 주어진다. 자기 자신에게 솔직해지면 내가 항상 정의로운 선택을 내리지 않는다는 것을 알 수 있다. 때로는 도망치고, 거짓말하고, 내 목숨이 먼저이기 때문에 이기적인 선택을 할 수도 있다. 소설을 읽는 일은 결국 타인과 나를 되돌아보는 일이다. '나라면 어떤 선택을 할 것인가?' 이 질문 앞에서 우리는 잠시 가면을 벗고 자기 자신과 진솔하게 대화할 시간을 갖게 된다.

3) 책이 인류의 오답 노트라고?

'책은 인류의 오답 노트'라는 말이 있다. 우리가 한 멍청한 실수들은 대부분 선조들의 실수들을 답습하는 경우가 많다. 이 오답 노트가 없었다면 우리는 맛있어 보이는 야생 버섯을 뜯어 먹고 거품을 물었을 것이다. 까마득한 원시시대까지 가지 않더라도, 우리는 이천 년 전에도 사랑에 아파하며 찌질하게 굴었고, 나보다 잘되는 친구를 시기 질투하며 배 아파했다. 책에서 이런 모습을 보다 보면 이천 년 전 사람들에게서 묘한 동질감을 느끼기도 한다.

"당신이나 나나…… 어리석은 건 비슷하고만. 근데 그래서 어떻게 이겨내셨어요?"

한편으로는 책을 읽다 보면 현재에 더 감사하며 살게 되기도 한다. 책을 읽다 보면 노인이 되어가며 겪는 상실과 고통을 대신 경험하게 된다. 몸은 여기저기 아프고, 소중한 사람들을 상실하고, 노인을 바라보는 시선이 곱지 않다는 것을 알게 된다(『오베라는 남자』 재밌게 읽었다). 동시에 젊음이 영원하지 않다는 걸 알게 되기도 한다. 우리나라에서는 특히 많은 사람들이 어려서부터 '애늙은이' 소리를 많이 듣는데, 군대를 다녀온 스물네 살은 복학생 '아저씨'고 스물다섯 살은 '반오십'이다. 스물일곱부터는 ㅂ 받침이 들어가는 이십 대 후반이라고 한탄하며, 서른은 '계란 한 판'이라고 놀린다.

하지만 틀렸다. 군대를 전역한 스물네 살은 여전히 어리다. 스물일곱 살은 뭘 해도 늦지 않은 나이이며, 서른 살인 나는 어느 때보다 활기차다. 나이에 대한 애 늙은 비유는 청춘을 좀먹게 할 뿐이다. 주변에서 무슨 소리를 하든 지금의 나는 아직도 너무나 어리다. 소설을 통해 나이를 불문한 다양한 삶을 찍먹해보다 보면 알맹이도 없고 시건방짐이 섞여 들어간 '애 늙은' 한탄에 속아 넘어가지 않을 수 있다. 덕분에 나는 주변에서 반오십이라는 둥, ㅂ 받침이 들어갔다는 둥 하는 소리에 신경 쓰지 않고 젊은 나이에 할 수 있는 것들을 마음껏 찍먹해보며 이십 대를 보냈다. 여러분도 앞으로 누군가 애 늙은 소리를 옆에서 한다면 그냥 귓등으로 흘려들어라. 할머니 할아버지들한테 물어봐라. 서른여덟도 젊다고 한다. 본인 스스로에게 부정적인 신호를 보내며 스스로의 가능성을 한계 짓지 말자. 이 책을 읽고 있는 당신은 아직 늦지 않았다. 지금 나이에 늦은 건 아역 모델밖에 없다.

4) 나를 움직이게 만드는 작가가 있으신가요?

책을 많이 읽으면 성공(기준은 각자가 정의해보자)할까? 나는 그럴 가능성을 조금 더 높인다고는 생각하지만, 독서가 성공을 백 퍼센트 보장해주진 않는다. 공부에도 세 가지 종류가 있다. 첫 번째는 책으로 하는 공부, 두 번째는 세상살이를 하며 배우는 공부, 세 번째는 마음으로 하는 공부.

첫 번째 공부도 좋지만 행동으로 옮기는 두 번째 공부를 하지 않는다면 첫 번째 공부로 얻은 지식은 그저 깊은 곳 한구석에 잠들어 있을 것이다. 독서라는 인풋 자체를 즐기는 것도 너무나 행복한 일이지만, 삶을 보다 다채롭게 살기 위해서, 자아를 실현하기 위해서는 밖으로 나가야한다. 결국은 크고 작은 아웃풋을 만들어내야 한다.

나는 운이 좋게도 나를 움직이게 만드는 작가를 찾았다. 덧붙이자면, 꼭 작가가 아니어도 좋다. 어떤 직업의 누구든 상관없지만, 지금 활발하게 활동하는 사람을 롤 모델로 삼는다면 필연적으로 실망할 수밖에 없는 순간이 오기 마련이다.

    무라카미 하루키는 책 좀 읽는다는 사람들에게 조금 뻔한 인물일 수 있지만 나에게 최고의 작가다. 집착서점을 운영하면서 전 세계의 수많은 작가들의 작품을 경험해볼 수 있었지만, 그럼에도 나의 마음속 원픽은 여전히 하루키다. 하루키의 책을 읽다 보니 언제부터인가 내 방에서는 하루키 작품에 등장하는 재즈 음악이 흘러나오고, 여행을 떠날 땐 레이밴 선글라스를 쓴다. 하루키를 따라 달리기를 시작하여 마라톤에 도전했고, 이 년째 수영을 하고 있다. 언젠가 하루키의 발자취를 따라 그리스와 스코틀랜드 여행을 떠나고 싶다는 꿈을 품고 살아간다. 또 그를 따라 지금 이렇게 글을 쓰고 있고(이렇게 괄호를 치고 부가 설명을 덧붙이는 방식도 하루키의 방식에서 차용해왔다), 아직 차는 없지만 언젠가 재규어를 몰아보고 싶다. 한마디로 하루키의 작품은 나를 움직인다. 나의 지갑을 열게 하고, 비행기 티켓을 끊게 하고, 위스키 바로 향하게 한다.

하루키의 어떤 점이 그렇게 좋냐고 묻는다면 특유의 솔직함이 좋다. 가식 없이 하고 싶은 이야기를 솔직하게 글로 풀어낸다. 인터넷에도 몇 없는 그의 강연이나 인터뷰 영상을 찾아보면 작품과는 다르게 굉장히 수줍은 하루키의 모습을 볼 수 있다(그런 성격 탓에 공식 석상에 나서는 걸 애초에 즐기지도 않는다). 그러나 글을 쓸 때는 훨씬 과감하다. 글을 쓰는 순간만큼은, 평소에 감춰두었던 감정들을 거침없이 분출한다. 공식 석상에서의 수줍은 모습과는 다르게 성적인 이야기도 거침없이 쏟아낸다. 불륜, 동창생과의 재회, 연상 여성과의 관계, 십 대의 서툰 사랑. 사회적으로 금기시되는 영역을 과감하게 건드리고, 심연의 감정을 끌어올려 독자들을 당황케 한다. 그의 진면모는 그의 소설 『해변의 카프카』로 단번에 체감할 수 있다. 고양이 킬러의 냉장고에서 수십 개의 고양이 머리가 발견되고, 어머니와의 사랑에 빠지게 된다는 저주. 오이디푸스신화를 모티브 삼아 이야기를 전개해나간다. 대체 이게 무슨 조합인지 상상도 되지 않으시겠지만, 손에 꼽는 명작이다(금기시되는 부분을 건든다는 게 무슨 느낌인지 알 거 같죠?).

  나는 그의 가식 없는 솔직함이 정말 좋다. 하루키의 진가는 에세이에서 빛을 발하는데, 달리기, 소설가의 삶, 여행과 재즈, 위스키에 이르기까지, 그의 글을 읽고 있으면, 괜히 나도 당장 러닝이라도 나가야 할 것 같은 기분이 든다. 사소한 일상을 말하면서도 그 안의 쓸쓸함, 회의감, 의지 같은 것들을 슬며시 담아내는 그만의 방식은, 무심한 문장처럼 보이지만 읽다 보면 마음을 두드린다. 여러분도 한번 읽어보시기를.
  꼭 하루키가 아니더라도 좋다. 누군가의 문장을 통해 여러분 마음 한가운데가 뜨거워지는 순간을 만나길 바란다. 그 찰나를 경험하고 나면, 아무리 외부의 힘이 여러분을 붙잡아도 결국에는 움직이게 될 거다. 글을 쓰게 되고, 운동을 시작하게 되고, 여행을 떠나게 되고, 음악을 틀게 될 것이다. 좋은 문장은 사람을 결국 움직이게 한다. 그리고 그건 아주 멋진 일이니까.

소설 찍먹으로 배운 점

소설은 '찍먹 인간'의 코어이자 근간이다. 소설을 통해 편하게 소파에 기대어 평소에는 상상도 해보지 못한 삶들을 살아보며 다양한 인생을 찍먹해볼 수 있다. 다양한 안경으로 삶을 바라보다 타인과 나를(어쩌면 인간의 심연까지도) 비추어 보고 이해한다. 찍먹 인간이 하루키를 만났듯 여러분을 움직일 만한 영향력을 주는 작가를 만나기를 진심으로 바란다.

5

취향을 알아가고 있습니다

이쯤에서 '그래도 여전히 찍먹 인간'이라는 제목이 어떻게 탄생했는지 이야기할 때가 온 것 같다. 사실 이 제목은 잡담 속에서 우연히 튀어나왔다.

당시 나는 첫 책으로 구상한 원고를 들고 나무옆의자 출판사와 미팅을 진행할 예정이었으나, 출판사에서는 기존 내 원고와는 다른 방향의 글을 원했다.
그때 편집 팀이 레퍼런스로 보여준 책들은 바로 『아무튼, 술』, 『아무튼, 달리기』, 『아무튼, 여름』 같은

'아무튼 시리즈'였다. 도서 인플루언서의 취향을 풀어보고자 하는 콘셉트였다.

그 기획을 듣고 일산까지 가는 길 내내 머릿속이 복잡했다.

'취향이라니. 나는 아직 책으로 쓸 만큼 취향이 깊지 않은데 이걸 어떻게 얘기하지? 억지로 짜내야 되나? 그러면 진정성이 너무 떨어질 것 같은데…… 글도 느끼해질 것 같고…… 아니, 근데 내 기존 원고가 그렇게 별로였나?'

스스로를 변호해야 한다는 생각에 방어적인 태세로 출판사에 도착했다. 막상 팀장님과 편집자분들을 처음 만난 자리는 의외로 부드러웠고, 나는 조심스럽게 말을 꺼냈다.

"레퍼런스로 보내주신 책들 봤는데요……. 제가 사실 아직 취향이랄 게 부족한 사람입니다. 요즘은 취업할 때도 한 분야에 깊게 빠진 '오타쿠'를 선호하잖아요. 근데 저는 어릴 때부터 뭘 하나 깊게 파본 사람이 아니에요. 애니메이션도 재밌게 봤다가도 두 번 보진 않고, 운동도 꾸준히 한 게 없어요. 어릴 때 축구를 했는데 지금은 거들떠도 안 보고 있고요. 요즘은 수영이랑 크로스핏을 해요. 등산도 가끔 가는데, 진짜 가끔 가서 취향이라고 말하기도 부끄럽고요. 음악은 매번 취향이 바뀌고, 요즘은 영화도 잘 안 보게 되더라고요? 새로운 음식 먹는 건 좋아하지만, 그렇다고 계속 생각나는 음식이 있는 것도 아니고요. 술도 하루키 책 읽고 위스키 바 몇 번 가본 게 전부예요. 잘 못 마셔요. 즐겨 마시지도 않고요 지금까지 살아오면서 이것저것 시도는 많이 해봤지만, 뭐 하나 깊게 파지 못했어요. 그냥…… 소위 말해 '찍먹'하면서 살아온 '찍먹 인간'이에요."

내 구구절절한 변명을 듣던 팀장님이 고개를 들며 말했다.

"찍먹 인간?"

"네, 이것저것 찍먹하면서 살아왔습니다. 그래서 하나의 분야에 깊이 있는 이야기를 쓰려니 자신이 없더라고요."

"꼭 취향에 대해 얘기할 필요는 없어요. 전 '찍먹 인간' 너무 재밌는데요?"

"네?"

나는 반신반의했다. '찍먹 인간' 스토리가 책이 될 수 있다고?

"저희는 너무 재미있을 것 같은데요. '찍먹 인간'으로 가시죠."

"네? 진짜 괜찮은 거 맞나요? 저는 재밌게 쓸 수 있을거 같긴 한데…… 이게 될까요?"

"저는 '찍먹 인간'이 너무 궁금해요. 저도 이렇게 급작스럽게 제안드리는 게 사실 처음이에요. 근데 저는 직감이 왔어요. 이건 바로 해야 돼요. 오늘 계약서 쓰시죠."

그렇게, 나의 인생 첫 책 계약이 성사됐다. 깊이 없는 사람임을 고백하던 그 자리에서, 그 고백 자체가 책이 되었다.

책 한 권의 분량을 뽑아낼 만큼의 취향은 없을지

몰라도, 챕터 하나 정도는 될 법한 '얕은' 취향쯤은 나도 있다. 이 챕터에서는 나무옆의자 편집 팀의 못다 이룬 그 꿈, 도서 인플루언서 취향의 단면들을 슬쩍 소개하려고 한다.

1) 신발

신발은 남자들이 의외로 집착하는 아이템이다. 박스를 고이 모셔두고, 모델 넘버를 줄줄 외우고 다니는 사람들은 대개 남자다. 내 신발장에도 그런 흔적이 있다. 뉴발란스만 일곱 켤레. 나보다 더한 신발 덕후들에 비하면야 명함도 못 내밀 수준이지만, 찍먹 인간치고는 꽤 오래 찍어 먹어본 셈이다. 신발에 진심인 사람들은 관상용으로 투명 아크릴 케이스에 신발을 넣어 보관하기도 하지만, 역시나 나는 그 정도로 깊지 못하기 때문에 직접 신고 다닌 '현역'들로만 가지고 있다. 그중에서도 내가 가장 애정하는 신발은 993이다. 천 점 만점에 990점이라는 990번대 시리즈

는 시대가 지나도 많은 사람에게 큰 사랑을 받아오고 있다. 금전적인 여유가 있으면 스티브 잡스 신발로 유명한 992 모델을 갖고 싶지만 993으로도 나는 충분히 만족한다. 벌써 오 년 가까이 신고 있는데, 특별히 애정을 쏟아 관리한 덕분에 아직도 신고 다닐 만하다.

내가 뉴발란스 신발을 고집하는 동안 운동화계에

서도 수차례 유행이 지나갔다. 나이키 덩크, 아디다스 삼바, 살로몬, 아식스, 호카, 야스히로……. 그 모든 바람이 지나가는 동안에도 뉴발란스는 흔들리지 않고 자기 자리를 지켜내고 있다. 스티브 잡스가 2008년 아이폰 신제품 출시 때 신었던 것을 생각해보면 사실상 거의 이십 년 가까이 현역으로 활동하고 있다.

운동화 본연의 편안함은 물론, 소재가 주는 포멀한 매력까지 갖췄다. 선물용으로도 자주 선택받는다. 유행 안 타고, 만듦새 좋고, 편하고, 적당히 격식도 갖추고 있으니까. 십 년 뒤에도 잘 신고 다니지 않을까?

993 외에도 990v4, 990v6, 991, 574, 2002 등 다양한 넘버의 뉴발란스 신발을 보유하고 있지만 신발이 아닌 뉴발란스 아이템은 단 하나도 없다. 뉴발란스는 신발일 때 가장 빛난다.

혹시 아직 뉴발란스를 경험해보지 않았다면, 574

그레이를 추천한다. 오랜 기간 꾸준히 나오던 모델이라 잘만 구하면 칠만 원 대로도 구할 수 있고, 어느 핏의 바지에도 이질감 없이 잘 어울린다. 나는 574 그레이, 오렌지, 네이비까지, 세 켤레나 갖고 있다.

2) 청바지

청바지도 파면 팔수록 끝없는 세계다. 복각이니 셀비지니, 무슨 직조 기계로 짰니, 리지드rigid냐, 원 워시드one washed냐, 린스rinse냐…… 따지기 시작하면 진입 장벽이 꽤 높다.

사실 나도 잘 모른다. 그럼에도 대학생 때부터 정말 갖고 싶었던 청바지가 있었는데, 작년에 큰마음 먹고 샀다. 바로 LVCLevi's vintage clothing 55501. 리바이스의 1955년도 모델을 복각한 제품이다. 당시 디자인의 완벽한 재현을 위해 지퍼 대신 단추가 달려 있다. 나는 본연의 멋을 즐기기 위해 생지Rigid 제품을 구매했다.

생지라는 게 말 그대로 '날것'이다. 공장에서 나온 그대로. 부드럽게 가공한 일반적인 청바지와는 다르게 빳빳하고 무겁다. 처음에는 앉는 것도 불편하고 무릎을 굽히는 것도 어색했다. 지퍼도 아니고 단추가 달려 있어서 화장실에 갈 때마다 어색하게 허리춤을 풀러야 했지만, 입고 다니다 보면 점점 내 몸에 맞게 워싱이 생기고 주름이 자리 잡는다. 기분 탓인지 몰라도 그 과정이 꽤나 애틋하다.

이 바지가 너무 좋아서 사계절 내내 입고 다녔다. 지금 이 글을 쓰고 있는 시점에도 LVC 청바지를 입고 있을 정도로 애정하는 바지이지만, 읽으면서 예상하셨다시피 단점도 뚜렷한 녀석이다.

리지드 제품은 세탁이 무척 까다롭다. 다른 바지들처럼 그냥 세탁기에 넣고 돌리면 쪼그라들어 두 사이즈가 줄어들어버린다. 그래서 처음 구매하고 '소킹(생지 데님을 물에 담가 수축을 유도하고 부드럽게 만드는 과정)'이라는 작업을 해서 사이즈를 맞추는데, 청바지를 입고 직접 욕조에 들어가기도 한다(이렇게까지 해야 돼?). 이후로도 세탁기 빨래는 가능한 지양해야 한다. 심지어 리바이스의 CEO인 칩 버그는 501 청바지 팬들에게 청바지를 빨지 말라고 조언하기도 했다. 손빨래로 살살 오염 부위만 지우는 게 전부다. 더럽다고? 나는 땀이 그렇게 많이 나는 체질이 아니지만, 그럼에도 가끔 찝찝하게 느껴질 때가 있긴 하다. 그래도 감성으로 가는 거다. 사랑은 단점까지 품는 거니까.

3) 향수

"향수 뭐 쓰세요?"

남자들이 듣는 최고의 칭찬 중 하나다. 좋은 냄새가 나면 잘 씻고 다니고, 청결해 보인다는 인상을 줄 수 있다. 가수 리한나를 만나는 사람들 대부분이 그녀의 향을 기억한다고 한다. 그만큼 첫인상에서 외모만큼이나 향기가 남기는 인상도 크다. 그래서 스타일을 크게 신경 쓰지 않는 사람도 자신과 잘 어울리는 향수 하나쯤은 가지고 있는 게 좋다.

실제로 "향수 뭐 써요?"라는 질문을 가장 많이 들었던 향수가 하나 있다. 바로 에르메스의 '떼르 데르메스'. 처음에는 브랜드 값에 겁먹었지만, 인터넷에 검색해보면 가격은 의외로 착하다. 이 년은 너근히 쓸 용량에 십만 원 중반대. 에르메스 제품 중 내가 유일하게 살 수 있는 게 향수다. 이 향수만 지금까지 세 통 비웠다. 적당히 우디하면서 부담스럽지 않다. 당연히 에르메스에서 나한테 커미션을 줄 일은 없으니 광고는 아니고, 경험담이다.

4) 안경

안경 생활 십 년째. 수많은 브랜드의 안경을 시착

해오며, 조금씩 나에게 어울리는 스타일을 찾아왔다. 얼굴에 얹는 물건이다 보니, 안경은 사람의 인상을 결정 짓는 중요한 아이템이다.

그중 지난 오 년간 가장 애정한 브랜드는 젠틀몬스터였다. 트렌드에 민감하고 공간 구성에 진심인 브랜드답게, 잠실이든 압구정이든 종로든 어디를 가도 하나의 놀이처럼 매장에 들르게 된다. 최근에는 외국 관광객들의 여행 필수 코스로 자리 잡았고, 나도 자연스럽게 젠틀몬스터를 자주 접하다 보니 젠틀몬스터 안경을 써왔다. 가끔 사람들이 댓글이나 DM으로 안경 정보를 묻는 걸 보면, 나름 잘 어울렸던 것 같다.

하지만 최근 들어 너무 똑같은 스타일만 고수하는 건 아닐까 싶은 생각이 들었다. 그래서 인상에 확실한 변화를 가져다 줄 새 안경을 찾아보기로 했다. 새로운 스타일에 도전하는 만큼 이번에는 과감하게 호피 무늬(터틀쉘) 안경에 도전해보기로 했다.

예산은 오십만 원. 부푼 마음을 안고 안경인들의 성지라고 불리는 이태원 '블링크 안경'을 찾았다. 사전 조사로 눈여겨본 브랜드는 규파드. 부푼 기대를 안고 막상 안경을 써보니 웬걸, 나랑 너무 안 어울렸다. 생각보다 볼드한 안경테가 아무나 소화 못 할 것 같다는 인상을 주었는데, 역시나 소화하지 못했다.

그럼에도 이미 홍대병에 걸린 나는 "이게 스타일이다"라며 밀고 나가려 했지만, 여자 친구의 단호한 고갯짓을 보며 그대로 내려놓을 수밖에 없었다. 조용히 규파드를 내려놓고, 다른 프레임을 이것저것 시도하던 중 직원분의 추천으로 JTO(줄리어스타르트 옵티컬)를 만나게 됐다.

생소한 이름이라 망설였지만, 착용감도 좋고 디자인도 마음에 들었다. 전형적인 아넬arnel형 프레임에, 묘하게 잘빠진 터틀쉘 색상에 마음이 움직였다.

위층으로 올라가 도수를 맞추는 동안 우연히 금자 안경을 써보면서 '이왕 살 거 금자로 할걸……' 하는 생각이 스쳤지만, 이미 늦었다. 사람 마음이 참 그렇다. 특히 내 눈앞에 수백 가지의 선택지가 있으면 더더욱.

블링크 안경에서 웰메이드 안경들을 접해보고 집으로 돌아와서 안경을 공부하기 시작했는데, 의외로 JTO가 근본이 있었다. 빈티지 아넬형 안경을 복각하는 데 진심인 브랜드로, 모두 일본에서 핸드메이드로 제작한다는 걸 알고서는 흡족했다. 브랜드 스토리텔링이 이렇게나 중요하다.

5) 오래 남는 것들

나의 얕은 취향을 돌아보면, 공통적으로 시간의 축복을 받은 것들을 좋아했다. 유행처럼 스쳐 지나가는 아이템보다는, 세월의 풍파를 견디고 살아남은 것들.

리바이스 청바지, 뉴발란스 990번대 시리즈, 그리고 복각 브랜드들처럼 말이다.

대학생 때부터 소비를 할 때 시행착오를 참 많이 겪었다. 무신사에서 이 바지, 저 바지를 비교하며 골랐지만, 다음 시즌이면 대개 옷장 구석에 처박히곤 했다. 돌이켜보면, 진짜를 흉내 낸 대체품은 결국 마음을 붙잡지 못했다.

시행착오 끝에 알게 된 게 하나 있다. 진짜 갖고 싶은 걸 사는 게 결국 가장 경제적일 수 있다는 것. 가격이 조금 더 비싸더라도 오래 쓸 수 있고, 다른 것과 비교하고 지나와서 후회하는 시간을 아낄 수 있다. 당근에 팔기도 훨씬 수월하다.

자본주의 사회에서 소비는 피할 수 없는 생존 방식이다. 모두가 소비를 줄이자고 말하지만, 현실은 광고와 유행, 유튜브와 각종 SNS가 우리의 감각을 끊임

없이 자극한다. 소비와 스타일에 대해 깊이 파고들어 가다 보면 결국 불안정한 나의 내면을 마주하게 될지도 모른다.

인정한다. 나는 군자가 될 수 없다. 대한민국에서 나고 자란 평범한 인간으로서, 나는 사회의 시선을 의식하며 살아왔다. 남의 눈치를 많이 보는 문화 속에서 스타일은 점점 더 중요한 생존 전략이 되어가고 있다. 요즘은 '육각형 인재'라는 말 속에도 '외모'와 '취향'이라는 꼭짓점이 포함된다. 피곤하지만, 어쩔 수 없다. 인간은 결국 환경에 적응하며 살아가는 존재이니까.

그렇다면 취향을 가진다는 건, 단순한 기호의 문제가 아닐 수 있다. 내가 누구인지, 어떻게 살고 싶은지를 조금씩 공부해가는 방식일지도 모른다. 그 연습 끝에 남는 것들이야말로, 시간이 지나도 오래 내 곁에 머문다.

6

창업? 세상이 호락호락하지 않더라

어릴 때 한번쯤 꿈꾸지 않았는가? 문이 위로 열리는 람보르기니에서 내려 고급 휘발유를 넣고, 펜트하우스에서 한강을 내려다보며 와인 한잔을 기울이는 삶. 어릴 때 좋아하던 여자애한테 성공한 모습으로 다시 나타나고 싶은 찌질한 망상들. 중이병이 이런 식으로 오는 사람들이 있다. 내 얘기다. 그리고 그 병은 스물네 살까지 이어졌다.

"나는 서른 살이 되기 전에 백억을 벌 거야."

세상에 좋은 자기계발서도 많지만, 핵심이 결여된 가짜 자기계발서를 많이 읽으면 이런 부작용이 일어나기도 한다.

한창 〈쇼미더머니〉가 유행하고, 명품을 두른 래퍼들이 '영 앤 리치'를 외쳐대던 시절이었다. 나도 그 분위기의 영향을 받았을 것이다. 사람의 생각이란 게 독자적으로만 움직이지 않는다. 어디선가 본 내용을 나만의 고유한 생각이라고 착각할 때가 많다. 아무튼, 나는 영 앤 리치가 되고 싶었다.

대학교를 중퇴하고 이십 대에 성공 신화를 쓴 스티브 잡스나 마크 주커버그처럼 되고 싶었다. 2020년 초, '네카라당토배(네이비, 카카오, 리인, 당근, 토스, 배달의민족)'는 취준생들이 선망하는 기업이었고, 그 외에도 컬리, 쏘카, 무신사 등의 스타트업들이 전성기를 맞고 있었다. 코로나의 여파로 금리가 낮아지고 투자가 활발해지자, 여기저기서 수많은 스타트업 성공담이 타오르듯 번져나갔다. 나도 이 시대의 주인공이 되고 싶었다.

대학생 때는 당시 유행하던 돈 되는 것들은 다 한 번씩은 찍먹했다. 유튜버 '신사임당'님 채널을 보며 중국에서 에코백을 사입해 네이버 스마트스토어에 올려 팔고, 돈 된다는 블로그도 하고, 마스크 위에 붙이는 스티커를 디자인해서 팔기도 했다. 사업자 등록도 몇 번 했고, 스마트스토어 마케팅 대행사 영업 사원들에게 "대표님" 소리도 몇 번 들어본 스물네 살의 대학생인 나는 '대표 놀이'에 흠뻑 취해 있었다.

이런 상태로 『타이탄의 도구들』을 읽던 중 버진 그룹의 창업자 리처드 브랜슨의 이야기에 감화되고 말았다. 평소에 아이디어를 노트에 적으며 메모하는 습관이 있던 브랜슨은 사업을 시작하던 시기에 자신이 즐겨 이용하는 항공사의 서비스가 그날따라 마음에 들지 않았다. 브랜슨은 노트에 "항공사를 만든다"라고 적었다. 그리고 자신이 어떻게 항공사를 차릴 수 있을지 고민하다가 보잉사를 찾아가서 자신이 임대할 수 있는 비행기가 있는지 알아본다. 브랜슨은 정말 보잉사를 찾아갔고 항공기 두 대를 임대하는 거래를 성사했다. 메모, 실행력—모든 자기계발서가 강조하던 바로 그것이 나의 마음을 움직였다. 욕망이 끓던 나는 스타트업 대표가 되겠다고 결심했다.

결국 사람의 마음을 건드려 돈이 되는 아이템은 세 가지라고 한다. 사랑(관계), 건강, 돈. 건강과 돈은 자신이 없었고, 나는 사랑을 파기로 결정했다.

코로나로 힘들어진 영화관을 빌려 연인들을 대상으로 한 프라이빗관으로 전환한다는 허무맹랑한 아이디어에서 시작해 '연인 기록앱'으로까지 생각이 닿게 되었다.

앱 창업. 그래 나도 플랫폼을 만들어보는 거야. 연인들을 위한 플랫폼. 앱에는 멋진 이름이 필요했고,

또 열심히 메모장에 끄적인 나는, love와 review를 결합한 '러뷰Luview'라는 이름을 만들었다. 당장 미리캔버스를 켜 무료 폰트들을 활용해 팬시한 로고를 만드는 데 심혈을 기울였다.

내가 생각해내고도 너무나 멋지고 기가 막힌, 나를 영 앤 리치로 만들어줄 러뷰라는 이 사명을 혹여나 누가 채갈까 봐 빠듯한 지갑 사정에도 불구하고 상표 등록을 신청했다. 상상 속의 나는 이미 잘나가는 IT 업계의 젊은 CEO였다. 지금 생각하면 한심하고 웃기다. 사업에서 멋진 회사명과 명함 따위가 중요한 게 아닌데, 실속이 없으니 겉모습에 치중했다.

불이 붙은 나는 대학생 커뮤니티와 에브리타임을 통해 '러뷰 프로젝트'를 위한 대학생팀을 꾸리고, 개발자와 디자이너를 섭외하고, 국가가 운영하는 창업 교육도 듣고, 코딩도 배우고, 리더십 프로그램도 찾아가고, 줌 회의도 주 이 회 하며, 직책도 나누고, 사업 계획서를 밤새워 쓰고, 투자자를 만나러 다녔다.

 하지만 어설펐다. 열정만 있고 실력은 없었다. 준비도 되어 있지 않았다. 그럼에도 "생생하게 상상하면 이루어진다"는 자기계발서의 말을 굳게 믿고 멈추지 않았다. 그렇게 육 개월이 지나고, 나는 점점 지쳐갔다. 발버둥은 쳤지만 가장 중요한 실력과 경험이 부족했다. 팀원들에게 미안했고, 자괴감에 빠졌다. 스스로에 대한 실망만 커져갔다. 끝까지 함께해보자는 고마운 사람도 있었지만, 현실의 벽에 부딪힌 나는 스스로를 되돌아봤다. 나는 큰일을 할 그릇이 못되었다. 달콤한 꿈에서 깨어나 프로젝트를 접었다.

 비참했다. 말도 안 되게 큰 꿈을 꾼 만큼 현실은 더 냉정했다. 내 딴에는 실패가 많이 썼나 보다. 친구들과 놀러간 글램핑장에서 불멍을 하며 소주를 들이붓고 눈물을 쏟았다. 친구들은 당황했다. 그럼에도 한 번 풀린 눈물 꼭지는 멈추지 않았다. 그렇게 울어본

적은 여태껏 한 번도 없었다. 취한 상태에서도 친구들 앞에서 우는 게 쪽팔렸는지 한밤중에 캠핑장과 멀리 떨어진 곳으로 가서 계속 눈물을 쏟았다. 해볼 게 따로 있지. 창업을 찍먹한 후유증은 생각보다 많이 아팠다.

다행히도 우리에게는 망각의 축복이 있다. 시간이 지나면서 상처는 아물었고, 나의 첫 창업 시도를 되짚어보았다. 뭐가 문제였을까? 물론 다 문제였다. 기반도 되어 있지 않으면서 팀원을 모았고, 돈도 실력도 없었다. 그래도 그중 가장 큰 문제는 뭐였을까? 바로 실력이었다. 연륜도 경험도 부족한 내가 앱 창업팀을 이끌어간다는 건 어불성설이었다.

실력을 키우자. 이게 결론이었다. 실력을 키우기 위해서는 회사에 입사해야 했다. 이왕이면 바쁘게 일하면서 경험치를 쌓고 싶었다. 러뷰를 기획하면서 내가 그나마 잘할 수 있는 건 브랜딩이었다. 네이밍을 하고, 이야기를 입히고, 사람들을 모으는 것.

 창업을 찌먹하며 얻은 가장 큰 수확은 진로에 대한 방향을 정할 수 있었다는 것이다. 위대한 기업가가 되겠다는 허황한 꿈은 접고, 마케팅 회사에 입사하자는 현실적인 목표가 생겼다. 광고 대행사에서 제대로 배워보자. 그렇게 마음을 굳혔다.

 그렇게 마케팅 인턴을 하며 스펙을 쌓고 광고대행사에 입사했다(삼 개월 인턴 후 정규직 전환형이었다.) 이상하게 입사 첫날부터 분위기가 좋지 않았다. 첫 출근인 만큼 평소보다 일찍 도착해서 앉아 있었는데, 팀원들이 한 명도 출근하지 않았다. 그렇게 두 시간을 눈치 보며 앉아 있다가 느지막이 팀원들이 열 시 삼십 분쯤 출근을 했다. 전날 야근을 새벽 네 시까지 하고 근처 팀원네 집에서 잠깐 눈을 붙이고 왔다는 거다. 멋모르는 신입의 눈에는 열정이 대단해 보였다. 정말 일에 진심이구나.

그러나 막상 닥치니 현실은 이상과 달랐다(리뷰 때 그렇게 당하고 또 당하니!) 뭔가 이상하게 흘러갔다. 당시 우리 팀은 유난히 힘든 클라이언트들을 만났고, 아홉 시 출근 새벽 한 시 퇴근이 기본이었다. 팀원은 나 포함해서 다섯 명이었는데, 출근 한 지 삼 일째 되는 날 팀원 한명이 샤워하다 쓰러졌단 소식을 들었다. 기절을 해서 같이 사는 동생이 119에 신고해 병원으로 옮겨졌다고 한다. 그렇게 한 달을 자리를 비우게 됐다. 네 명이 남았다. 일주일 지났다. 이번엔 내 옆에 앉은 사수가 회사에 나오지 않았다. 평소에 허리 건강이 안 좋았는데 허리 디스크가 터졌다고 한다. 수술을 해야 해서 두 달을 자리를 비워야 한다고 한다. 세 명 남았다. 팀장님과 육 개월차 사원, 그리고 나. 회사에서 급하게 인턴을 한 명 더 뽑아줬다. 다시 네 명이 되었다. 네 명이서 다른 팀원들이 돌아올 때까지 일을 도맡아 했다. 출퇴근의 의미가 없어졌다. 집에서는 잠깐 눈만 붙이고 다시 회사에 나왔다. 점심도 시켜 먹고, 저녁도 시켜 먹었다. 걸을 일이 없으니, 소화가 되지 않았다. 속이 더부룩했다. 손목은 점점 아파왔다. 괜히 다른 사람들이 버티컬 마우스를 쓰는 게 아니었다. 마우스를 바꾸었다. 살이 점점 빠졌다. 왜 팀원들이 입원을 했는지 이해가 되었다. 그렇게 세 달이 지났고, 인턴에서 정규직 전환이 되기 직전 나는 팀장님에게 그만두겠다고 얘기했다. 꿈도

꿈이지만, 먼저 삶다운 삶을 살고싶었다. 그래도 빡세게 배운 만큼 배운 건 많았다. 여기서의 경험이 다른 회사 면접에 크게 도움이 됐다. 그렇게 두 개 광고대행사를 더 거쳐갔다.

찍먹 인생은 늘 몸으로 부딪히고, 상처를 내며 배운다. 한 길로 가다 막히면 옆길로 들어선다. 두려움을 무릅쓰고 걷다 보면 내 길을 발견한 건가 싶어 쭉 간다. 근데 또 가다 보니 새로운 돌발 상황을 맞닥뜨리고 방향을 튼다.

지난 삼 년간의 내 인생을 요약하면 딱 이렇다. 광고대행사를 거쳐 독서 크리에이터가 되었고, 또 작가가 되어 이렇게 책을 쓰고 있다.

영 앤 리치를 꿈꾸던 이십 대 청년은 호기롭게 두 번의 창업을 경험하며 현실의 차가움을 배웠다. 그때의 뜨거움이 그리울 때도 있지만, 인생은 결국 정반합의 원리처럼 움직인다. 대외 활동을 하며 뜨겁게

불타올랐던 나는 창업 실패로 냉정을 배웠고, 네 번의 인턴을 거쳐 마케터가 되었다. 그리고 결국 '남의 것이 아니라 내 것을 브랜딩해볼까?'라는 생각에 이르게 되었다.

찍먹 인간의 삶은 늘 예측불허다. 지금까지 살아온 걸 보면, 앞으로도 뭔가에 홀려 찍먹하다가 또 다른 길로 새겠지…… 아마도.

예전으로 돌아갈 수도 없고, 그런 에너지를 다시 경험할 수도 없겠지만 이십 대에 한 번이라도 뜨겁게 살아본 것에 감사하다. 불의 세기는 줄었지만 불은 이제 숯이 되어 은은하게 열을 품은 채 조용히 계속 타고 있다.

7

축구 선수가 되고 싶었지만

90년대생 남자라면 누구나 한번쯤 축구 선수를 꿈꿨을 것이다. 2002년에 대한민국은 월드컵 4강으로 들썩였고 당시 유치원이나 초등학교에 다니고 있던 우리들에게 월드컵은 선망의 대상이었다. '붉은 악마' 티셔츠를 입고 있는 어릴 적 사진이 하나쯤은 있지 않은가? 나는 정말 운이 좋게도 초등학교 때 장래희망 칸에만 쓰던 축구 선수라는 꿈을 맛보기로나마 찍먹할 수 있었다.

월드컵이 끝나고도 축구에 대한 열정은 식지 않았다. 공 하나만 있으면 동네 모든 애들이 나와 축구를 했다. 호시절이었다. 공 하나로 행복할 수 있었다는 게. 2006년, 열한 살이 되었던 나는 초등학교 고학년이 되었고, 공을 좋아하던 초딩에게도 기회가 찾아왔다. 충청북도 교육청에서 개최하는 초등학생 축구 대회에 출전할 선수를 뽑는 오디션이 열린 것이다. 당시 '경찰과 도둑(a.k.a 경도)'과 숨바꼭질로 단련한 체력을 바탕으로 육상부 활동을 했던 나는 뜀박질 하나는 자신 있었다. 그 뜀박질 덕분에 다소 아쉬운 킥력과 헤딩 능력에도 불구하고 나는 오십 미터 달리기에서 좋은 점수를 받아 가까스로 TOP7 안에 들어갔다. 정말 뛸 듯이 기뻤다. 축구를 제대로 배울 수 있다는 사실에. 2002년 4강 신화의 영웅들에 한 발짝 가까이 간 것 같았기에.

십구 년이 지났지만 J 감독님의 이름이 아직도 생각난다. 같이 뛰던 친구들의 이름도. 하긴 까먹을 수

없지. 우리들은 극악무도한 훈련을 견뎌야만 했다. 우리는 정식 축구부도 아니었고, 아마추어 대회였는데도 불구하고 하루에 운동을 세 타임 소화해야 했다. 아침, 점심, 방과 후. 감독님은 축구 선수 출신도 아니고 그냥 초등학교 5학년 담당 선생님이었지만,

축구부에 무척이나 진심이었다.

우리는 아침 일곱 시 오십 분까지 도착해 간단하게 운동장 열 바퀴를 뛰었다. 선착순 삼등 안에 들어오지 못하면 한 바퀴를 더 뛰어야 했는데, 다음 바퀴에서도 삼등 안에 들지 못하면 계속 뛰어야 했다. 몸풀기 달리기를 마치고 간단한 볼 트래핑 및 패스 훈련을 마치면 교실로 들어갔다. 사 교시가 끝나고 점심 식사 후 고학년 선배들과 간단한 미니 게임을 했고 방과 후에는 본훈련이 시작됐다. 다시 운동장 열 바퀴 릴레이를 시작하고, 백코트, 전술 훈련, 세트 플레이, 킥, 패스, 헤딩 훈련을 했다.

혹시나 서울 사람들은 이해 못 할 수 있으니 지방의 상황에 대해서 대해 말씀드리자면(내가 처음 서울로 전학 가보니 대부분 몰랐다) 충청북도에는 청주시, 충주시, 제천시, 음성군, 진천군, 증평군, 괴산군, 단양군, 보은군, 옥천군, 영동군 총 열한 개의 행정구역이 있다. 내가 어릴 때는 청원군도 있어서 열두 개였지만 현재에는 청주시와 합쳐졌다. 대회는 각 시군별로 예선전을 치르고 각 한 개의 팀이 대표로 선발되어 충청북도 대회에 진출한다. 그렇게 하나의 트로피를 차지하기 위한 대결을 펼친다.

그렇게 시작한 청주시 흥덕구 예선전. 첫 경기를 앞두고 무척이나 떨던 기억이 난다. 그동안 훈련한 것들을 비로소 제대로 펼칠 기회였다. 살면서 처음으로 다른 학교 학생들을 적으로 마주했는데, 첫인상은 죄다 인민군 같았다. 선크림? 한창 활력 넘치는 초딩들은 귀찮아서 안 바르지. 다들 땡볕에 구르며 피부가 시커매졌다. 그들이 보는 우리 모습도 마찬가지였겠지만. 긴장했던 것과는 다르게 첫 세 경기를 내리 오 점차 이상의 스코어로 이겼다. 마지막 경기는 조금 접전했지만 연장전까지 가서 승리를 거머쥐었다. 얼떨떨했다. 우리가 그동안 피땀 흘리며 뛰던 순간들이 빛을 발하는 순간이었다. 조금 의아하긴 했다. 우리의 너무 압도적인 승리였다. 근데 또 그럴 수밖에 없는게, 이건 정식 축구 대회가 아니었다. 출전한 팀 중에서는 축구부가 아닌 학생들이 방과 후에 발 몇 번 맞춰보고 나온 팀들도 있었을 것이다. 근데 우리는 아니었다. 우리의 훈련량은 결코 축구부에 뒤지지 않았다. 엄청난 훈련량으로 악명 높은 김성근 감독도 초등학교 4학년 아마추어 학생들에게 그 정도로 혹독한 스케줄을 소화하게 두진 않았을 것이다. 지금 생각해보면 감독님이 훈련 공부도 많이 하셨던 것 같다. 감독님의 엄격한 호루라기 소리 아래에서 우리는 매일같이 어마무시한 훈련 스케줄을 소화했다. 흥덕구 예선전에서의 승리는 우리의 훈련량이 처음으로 결과로 증명된 순간이었다.

수많은 예선전을 뚫고 이제는 청주시 대표를 가려야 할 때였다. 상당구(청주시의 구 이름) 아이들과의 양보 없는 한판 승부가 시작됐다. 상당구라고 해 봤자 무심천 하나 건너면 닿을 수 있는 거리에 있지만 초등학생에게는 무척이나 이질적인 세상으로 보였다. 서울로 따지면 강동구와 강서구 정도? 절대 마주칠 일이 없는 애들이었다. 대회장에서 상당구 애들을 실제로 봤을 때 괜히 키도 더 커 보이고, 덩치도 더 커 보이고 치타 같은 애들이 있었다. 청주시 대표 선발전에 올라온 애들은 예선전을 꺾었기 때문에 결코 만만한 녀석들이 아니었다. 그런데 또 긴장한 것에 비해 첫 두세 경기는 싱겁게 끝났다. 또 오 점 차 이상의 스코어를 내며 가볍게 무찔렀다. 아침, 점심, 저녁으로 뛰어다니며 키운 무한 체력을 바탕으로 상대보다 한발 빠르게 더 뛰어 수비했고, 우리 공격수가 빈 공간으로 공을 찔러주는 뒷 공간 패스를 항상 먼저 잡아냈다.

청주시 대표로 선발되기 위한 마지막 단 한 경기만을 남겨둔 때였다. 이번에는 정말 달랐다. 상대 역시 '교육의 도시' 청주의 수많은 학교를 물리치고 올라온 상당구의 강자 중의 강자였다. 가까이서 보니 쟤

네가 진짜 우리보다 컸다. 우리 팀에서는 그나마 내가 키가 큰 편이었는데, 내가 올려다볼 정도였으니. 초등학교 4학년이 맞나 의심이 될 정도였다. 경기 시작을 알리는 휘슬이 울리고 우리는 늘 그래왔듯 속공으로 뒷 공간을 노렸다. 그러나 기존 상대들과는 다르게 공중볼 경합에서 몸싸움이 밀렸고, 발밑으로 가는 패스도 속속 막혔다. 답답한 상황이 이어지던 중, 우리는 코너킥에서 먼저 실점을 하고 만다. 그때까지 경기에서 단 한 번도 먼저 실점을 내준 적이 없었기에 우리들은 조바심이 났다. 경기를 끌려가는 입장에서 플레이는 계속 어긋났다. 하프타임이 끝나고 감독님에게 크게 혼이 났다. 후반전이 시작됐지만 계속해서 답답한 플레이가 진행됐고 경기 종료까지 단 몇 분 밖에 남지 않았다. 우리가 올린 크로스는 올리는 족족 상대의 머리에 계속 걸렸고 준비한 플랜이 먹히지 않았다. 추가 시간이 주어졌다. 절대 이렇게 끝나서는 안됐다. 이 상대만 꺾으면 우리는 도대회로 갈 수 있었다. 간절함이 하늘에 닿았던 것일까? 마지막

찬스가 왔다. 프리킥 상황에서, 상대방이 머리를 맞고 나온 공이 내 오른발 각도로 흘러나오게 되었고 나는 지체 없이 결대로 밀어넣었다. 내 발을 떠난 볼은 그대로 골대를 흔들었고, 귀중한 동점골을 만들어졌다. 이 골은 나의 첫 골이었다. 이제 와서 밝히지만 오 대 오 풋살 경기에서 나의 포지션은 중앙 미드필더였다. 우리 팀에는 훌륭한 공격수가 많았고, 내 역할은 주로 수비에 치중되어 있었다. 내가 이 골을 생생히 기억하는 이유는 축구를 한 삼 년 동안 내가 넣은 골들이 그렇게 많지 않았기 때문이다. 경기는 연장전까지 갔지만 결국 승부차기로 이어졌고, 공교롭게도 내가 마지막 키커로 나서게 됐다(아마추어 축구는 기세가 중요하기 때문에 잘 차는 애들은 대부분 앞 순번에 찬다). 떨렸다. 무지 떨렸다. 지금도 기억한다. 열한 살짜리 소년의 발끝에는 많은 게 걸려 있었다. 페널티킥 존에 심판이 공을 놓았다. 나는 그 공을 다시 들어(감독님은 항상 데드볼을 찰 때 손으로 다시 한 번 집어서 자리를 잡으라고 하셨다) 입을 맞추고(우리 팀은 다 그렇게 했

다) 세 발짝 물러났다. 호흡을 가다듬고 심판의 호루라기 소리에 맞춰 도움닫기를 했다. '훈련한 대로만 하자. 훈련한 대로.' 나의 발끝을 떠난 볼은 핸드볼 골대 우측 상단에 빨려 들어갔고, 그대로 경기는 끝났다. 2006년 설암 김천호 배 충청북도 도대회의 청주시 대표는 수곡초등학교가 됐다.

우리는 스타가 됐다. 학교 정문에는 '경축' 현수막이 붙었다. 수곡초등학교가 청주시 대표가 된 것은 그때가 처음이었다. 월요일 아침 운동장 조회에서 우리는 전교생이 보는 앞에 두고 교장 선생님께 상을 받았고, 전교생을 향해 '필승' 경례를 했다. 교실에 돌아오자 쏟아지는 친구들의 무수한 질문 공세에 나는 무슨 그리스 전사들의 서사시를 읊어내듯 그날의 승리를 널리널리 노래하였다. 당시 내가 좋아했던 지효의 관심을 사는 데도 성공했다(집으로 가는 방향이 같아서 같이 하교하자고 쪽지했는데 까인 전적이 있었다).

물론 감독님도 교무실에서 일약 스타덤에 올랐다. 하지만 감독님은 아직 배고팠다. 우리들에게 도대회가 남아 있었기 때문이다. 도대회는 각 시군의 예선전을 뚫고 올라온 강자 중에 강자만 모이는 곳이다. 우리의 목표는 당연히 우승이었다. 기쁨도 잠시, 훈련 강도는 더욱 높아졌다. 시대표가 된 만큼 교장 선생님은 우리가 수업 시간의 일부를 훈련에 할애할 수 있도록 조치를 내려주셨다. 어디서 난 돈인지는 모르겠지만 힘든 훈련이 끝나면 매일같이 저녁으로 고기도 사주었다. 유니폼도 새로 맞춰주고, 축구화도 사주었다. 상당구 대표와의 마지막 경기에서 체격 차이로 아슬아슬했던지라 교장 선생님의 특별 지침이 있었던 모양이었다. 도대회부터는 각 시군 종합운동장의 잔디밭에서 펼쳐졌다. 학교의 전폭적인 지지 아래 우리는 잔디밭에 적응하기 위해 방과 후면 차를 타고 청원군까지 넘어가 청원군 대표와 친선경기를 치르며 경기 감각을 끌어올렸다.

그렇게 시작된 도대회. 학교는 버스를 대절해 선생님과 부모님 들을 태워왔다(지금 생각해보면 주말에 출장을 가야 했던 선생님들께 죄송스럽지만……). 처음 도착한 경기장은 초등학교 4학년이었던 내 눈에는 콜로세움에 들어선 듯한 느낌을 줬다. 무척이나 넓었다. 각 학교의 응원단 선생님들은 음악 시간에 사용하는 사물 악기들을 몽땅 가져왔고 골이 들어갈 때 울리는 경쾌한 꽹과리 소리로 분위기는 고조되었다. 현장은 환호와 열기가 가득했지만, 마음 한편에는 싸움이 녹록지 않을 거라는 예감이 들었다.

열두 개의 시군을 대표하는 4, 5, 6학년들이 대표들이 한자리에 모였다. 다 같이 국민의례를 하고, 추첨을 통해 부전승 팀을 뽑았다. 생애 처음으로 다른 행정구역의 학생들을 상대해야 했다. 천천히 몸을 풀며 힐끗힐끗 다른 팀 선수들을 봤다. 증평군과 진천군에서 온 애들은 진짜로 인민군 같았다. 까맣고 삐쩍 말랐다. 심지어 어느 학교는 머리도 다 같이 빡빡 깎아왔다. 다시 한 번 말하지만, 정식 축구부 경기가 아니었다. 그냥 일반 학교에서 애들이 나오는 대회다.

하지만 우리도 만만치 않았다. 예선전은 기본으로 상대 팀을 오 점 차 이상으로 꺾으며 당당히 청주시 대표로 올라왔다. 끓어올랐다. 이건 전쟁이었다. 반드시 이겨야만 했다. 반드시.

도대회에 올라온 학교의 선수들은 분명 만만치 않았지만, 우리는 확실히 더 만만치 않았다. 그동안 감독님한테 호루라기로 맞아가며 미친 듯이 운동장에서 뛰고 구르고 넘어지고 피 흘리던 시간은 고스란히 실력으로 드러났고, 우리는 무난히 결승에 올랐다. 그때쯤 교장 선생님은 이미 목이 다 나가 있었다. 남자 선생님들은 신나게 꽹과리와 북을 쳤고 억지로 끌려온 듯한 여자 선생님들도 경기에 완전히 빠져들었다(피할 수 없으면 즐겨라). 마지막 결승 상대로 만난 팀은 진천의 상산초등학교. 과연, 숙명의 라이벌답

게 이 글을 쓰는 지금까지 이름을 기억하고 있다. 우리는 상산초의 준결승 경기를 볼 때부터 결승에 올라올 것을 알 수 있었다. 상산초는 압도적인 경기력으로 결승까지 올라온 강팀 중에 강팀이었다. '슬램덩크'의 산왕공고를 만난 듯한 기분이었다. 상산초등학교에는 덩치가 그리 크지는 않았지만 파죽지세의 에이스가 있었는데 노란 머리에 등번호가 칠 번이었다. 내가 그의 마크 맨이었다. 나는 그를 막아야만 했다.

결승 경기가 시작되는 호루라기가 울리고 우리 팀은 초반부터 강한 압박에 들어갔다. 노란 머리는 역시나 빨랐다. 그는 우리 진영의 뒷 공간으로 뛰어들어왔고, 나는 그와 처음으로 몸을 부딪혔다.
'놓치면 안 된다' 나는 빠르게 그를 뒤쫓아 갔다. 네가 진천에서 한 따까리 하는 놈인지는 모르겠지만 나도 청주에서 꽤나 구르다 온 놈이라고.
감독님은 경기를 시작하기 전에 몇 번이고 강조했다. "L! 한 번에 먹지 마." 저놈한테 공을 뺏으려고 함부로 발을 뻗지 말라는 오더였다. 그냥 발만 따라가면서 공간만 막다가 빈틈이 보이면 그때 공을 뺏는 것이다. 나는 감독님의 말씀대로 노란 머리의 화려한 발놀림에 현혹되지 않고 스텝만 따라다니다 이내 틈을 발견했다. 나는 재빨리 발을 뻗어 공을 빼앗았고, 대각선에 있는 공간으로 공을 보냈다. 수없이 연습한 속공 루트였다. 나는 연습한 대로 뜨지 않게 공간으로 볼을 깔아 찼다. 역시나 이번에도 사이드 공간에서 대기하던 우리 팀 공격수 N이 공을 먼저 잡아냈고, 우리는 손쉽게 선취점을 따냈다. 역시나 훌륭한 마무리였다(N은 훗날 대전 시티즌 소속의 선수가 되었다). 우리는 흥분했다. 결승전에서 선취점이라니, 됐다. 확실한 기선 제압이었다. 그러나 기쁨도 잠시. 노란 머리는 차분히 공을 센터서클에 갖다 놓더니 호루라기가 울리자마자 슈팅을 때렸다. 힘이 실린 공은 우리 팀 골 망을 흔들었다. 상대 팀인 내가 봐도 깔끔한 슈팅이었다. 역시나 만만치 않은 놈이다. 선취점을 넣은 지 일 분 만에 동점골을 먹히면서 분위기가 이상해졌다. 감독님을 바라봤다. 감독님은 양팔을 펼친 채 괜찮다는 제스쳐를 취했다. 우리는 다시 화이팅을 불어넣었다. "수곡"을 선창하면 다 같이 "화이팅"을 목청껏 외친다. 감독님은 초등학생 경기에서 기세가 얼마나 중요한지 알고 계셨던 것 같다. 감독님은 우리를 야수로 길렀다. 연습할 때도 화이팅 소리가 작으면 혼났다. 기세에서 밀리지 않기 위해 우리는 목청껏 외쳤다. 그 대회에서 우리만큼 화이팅을 많이 불어넣는 팀은 없었다.

그렇게 한 골씩 더 주고받으며 전반전이 끝났다. 스코어는 이 대 이. 과연 결승전다웠다. 하프타임에 감독님은 우리를 조용한 곳으로 데려갔다. 흥분을 내려놓고, 침착함을 되찾으라는 의미였다. 감독님은 항상 하던 대로, 차 열쇠로 흙바닥에 경기장을 그리면서 조용히 말씀했다. 이럴 때일수록 조용한 목소리가 더 주목받는 법이다.

"지금까지 감독님한테 혼나면서 힘들게 훈련해왔잖아. 다 왔어. 지금까지 우리가 한 모든 훈련들이, 지금 이 순간 남은 이십 분을 위한 거야. L이 노란 머리를 계속 압박하고, 절대 한 번에 먹지 마. 공간만 막고 공이 오면 사이드에 뿌려줘. B랑 N은 백코트를 더 많이 하고, 공 잡으면 침착하게 결대로 밀어넣어. K는 세트 피스 할 때 더 거칠게 몸싸움해도 돼. 아직 옐로카드도 안 받았잖아. 밀어버려. 쟤네 지쳤잖아. 마지막으로 화이팅 많이 해. 다 왔어. 해보자."

후반전이 시작되기 전 우리는 동그랗게 모여 어깨동무를 했다. 주장인 K가 외쳤다. "진짜 마지막이야. 쟤네 부숴버려. 화이팅 크게 해. 알았지? 하나 둘 셋, 수곡!" 우리는 경기장이 떠나가라 울부짖었다. "화이팅!" 북과 꽹과리 소리가 신명 나게 울려 퍼졌다. 마지막 이십 분이 시작됐다.

후반전에도 상대 팀이 공격해오면 우리는 다 같이 내려와서 막고 백 코트를 해 속공으로 경기를 풀어 갔다. 경기는 점점 거칠어졌고, 카드도 하나둘 나오기 시작했다. 양 팀은 서로 위협적인 공격을 펼쳤지만 좀처럼 골문은 열리지 않았다. 결승전다운 팽팽한 경기가 지속되고 있었다. 그러나 행운의 여신은 우리 편이었다. 경기 종료 삼 분 전, 상산의 코너킥 찬스에서 띄운 공이 노란 머리의 머리에 걸려 우리팀 골대를 향했지만 천만다행으로 골대를 맞고 튕겨 나왔다. 그 공을 잡기 위해 나는 곧바로 튀어 나갔고, 나는 공을 잡자마자 B가 뛰어들어 갈 왼쪽 공간으로 공을 뿌렸다. 패스가 조금 길었지만 B는 간신히 잡아 오른쪽에서 뛰어들어 가던 N과 이 대 일 패스를 주고받으며 페널티 박스로 침투했고, B는 수비수 틈 사이의 열린 공간으로 침착하게 인사이드로 밀어 넣어 상산의 골망을 흔들었다. 스코어는 삼 대 이. 꽹과리와 징 소리가 경기장에 울려퍼졌다. 수곡초등학교의 응원단은 선생님이고 부모님들이고 할 것 없이 모두 일어나 소리 질렀고, 교장 선생님은 이미 막걸리에 거하게 취한 채로 감독님을 얼싸안았다. 그 순간만큼은 그곳이 2002년의 서울시청 앞이고, 광화문 광장이었다.

우리는 승리를 확신했다. 노란 머리는 다시 한번 센터서클에서 곧바로 골대를 향해 슛을 때렸지만 이번에는 공이 멀리 뜨고 말았다. 그렇게 우리는 끝까지 점수를 지켜냈고 경기 종료를 알리는 호루라기가 울렸다. 우리 모두 감독님에게 뛰어갔고 서로 얼싸안았다. 누가 먼저인지 모를 정도로 울음이 전염되어 눈물바다를 이루었다. 가장 순수한 기쁨의 눈물. 승리의 눈물이었다.

우리는 충청북도 도대회 4학년 부 챔피언이 되었다. 트로피를 받기 전까지도 믿기지가 않았다. 우리가 충청북도에서 축구를 제일 잘하는 초등학교라니. 생애 처음 트로피를 함께 들어 올리며 승리를 만끽했다. 이등을 한 상산초 친구들과도 인사를 나누었다. 마무리는 훈훈했다. 내년에 복수해주겠다며 다시 보자는 상산의 도전장에 언제든 흔쾌히 받아주겠다며 악수를 나눴다.

한동안 수곡초등학교 정문에는 현수막이 달려 있었다. '(경)설암 김천호 배 충청북도 도대회 4학년 부 우승(축)'. 그 아래에는 우리들의 이름이 큼지막하게 박혀 있었다. K, B, L, M, N, H. 학교에서는 일약 스타덤에 올랐다. 학교 선생님들은 물론 문방구 아저씨도, 학원 선생님들도, 떡볶이 집 아줌마도 모두 축하 인사를 건넸다.

4학년부터 시작된 축구부 생활은 삼 년간 지속되었다. 청주시에서 수곡초등학교는 축구 잘하는 학교로 널리 알려졌고 시 예선전 정도는 모두 가볍게 이겨냈다. 훈련 강도는 여전히 강했고, 방학 때도 나와서 훈련을 소화해야만 했다. 우리는 5, 6학년 때도 청주시 대표로 도대회에 출전했다. 5학년 때는 준결승전에서 패배하며 삼등, 6학년 때는 결승에서 같은 청주 소속인 경신초(청주시에서는 두 개 팀이 결승에 올라갔다)에 지며 축구부 생활을 마무리 지었다. 상산초 역시 매번 도대회에 올라 5학년 때는 공동 삼등을 했다. 다시 맞붙을 기회는 없었지만 서로의 경기를 지켜보며 반갑게 안부를 전하곤 했다.

6학년이 끝나는 시점, 경기도의 한 중학교에서 연락이 왔다. 정식으로 축구 선수를 해보면 어떠겠냐는 제안에 나는 무척이나 설렜지만, 집안에서는 반대를 했다. 돈도 많이 들고, 축구만을 바라보기에는 미래가 너무 막연했기 때문이다.

결국 나는 일반 중학교에 진학하며 축구부 생활을 접었지만 그때 같이 운동했던 친구 중 두 명은 정식 축구부에 입단했고, 그중 한 명은 K리그 대전 시티즌에서 뛰었다. 지금은 은퇴를 한 걸로 알고 있지만. 지금 돌이켜보면 그때 우리 부모님의 판단은 정확했다. 나의 축구 실력은 다른 팀원들에 비해 뛰어나지 않았다. 우리 팀 특유의 체력 축구로 경기를 이겨나갔지만 나만 똑 떼놓고 객관적으로 보면 축구 선수로서 재능이 뛰어나지 않았다. 축구 선수로 성공하기 위해선 난다 긴다 하는 애들 중에서도 두 살 위 형들 정도는 가볍게 갖고 놀 수 있는 수준은 되어야 했다.

결국 초등학교 때 꿈꾸던 축구 선수라는 꿈은 이

루지 못했지만, 꽤나 제대로 찍어먹어보았던 삼 년간의 축구부 생활은 이후 내 인생에도 많은 영향을 끼쳤다. 중학교에 가서도, 서울로 전학을 다니면서도, 군대에 가서도 축구라는 매개체를 통해 금방 사람들과 어울릴 수 있었다. 또 우리 때까지만 해도 실수를 하거나 규율을 어기면 감독님의 매콤한 호루라기 맴매로 머리를 맞을 공포가 도사렸기 때문에 어릴 때부터 팀에 녹아들어 눈치껏 빠릿빠릿하게 움직이는 법을 배웠다.

가끔 그런 생각이 든다. 내 인생의 전성기가 너무 이른 시기에 왔던 건 아닐까? 내 리즈 시절이 초등학교 때라니…… 앞으로도 수십 년은 더 살아야 하는데, 가장 빛난 시간이 고작 초등학생 때라면 너무 빠른 것 아닌가 싶기도 했다.

그 시절 경험한 명예와 영광의 맛은, 아마도 내가 이것저것 찍먹하며 다시금 '성공'이라는 걸 좇게 만든 열망의 근원이었는지도 모르겠다. 그 치기 어린 불꽃은 나를 창업으로 이끌었고, 스마트스토어에서 물건도 팔게 했고, 언젠가 성공한 사람이 되고 싶다는 간절한 마음의 씨앗이 되었다.

열망은 나를 앞으로 밀어주는 힘이었지만, 동시에 너무 커다란 이상을 좇게 만들었다. 아직 다듬어지지 않은 실력으로, 감당할 수 없는 크기의 목표를 세우곤 했다. 작은 성취에는 만족하지 못했고, 또 제대로 시작하기도 전에 끝내버린 일들도 많았다. 그때마다 절망하고, 슬퍼했다.

그러나 책을 읽으며, 또 직접 살아가며 많은 사람의 삶의 이야기를 듣다 보니 인생이라는 경기는 내가 생각한 것보다 훨씬 길다는 걸 알게 되었다. 지금은 인생의 전반전도 채 끝나지 않았다.
그동안 나는 여러 전술을 시도했고, 자책골도 넣었고, 가끔은 멋진 골을 터뜨리기도 했다. 중요한 건 아직 후반전이 남아 있다는 사실이다.

불안이 엄습할 때마다 인생을 조금 더 길게 보려고 한다. 너무 조급해하지 않으며, 리즈 시절은 추억으로 남겨두고, 새로운 찬스를 만들어가는 데 차근히 집중하려 한다. 후반전은 아직 시작도 하지 않았다. 전반 삼십 분. 숨 한번 고르고 다시 "화이팅"을 외칠 때다.

8

서툴지만 뜨거웠던, 대외 활동

대학생이 학교라는 울타리를 넘어 사회에 첫발을 내딛기 전, 사회 활동을 찍먹해보기에 가장 좋은 기회가 있다. 진정한 대학생 찍먹의 정점. 바로 대외 활동과 인턴이다. 찍먹 인간이 이를 놓칠 리 없다. 한 학기에 대외 활동을 서너 개씩 병행하며, 여러 활동을 동시에 찍먹했다. 이 시기가 어쩌면 가장 열정적으로 살았던 순간이 아닌가 싶다. 대학 생활을 통틀어 열세 개의 대외 활동과 다섯 개의 인턴을 경험했다. 아마 코로나가 없었으면 더 했을 거다. 대학생 찍먹 인간을 막은 것은 오로지 바이러스뿐.

1) 대학교 1학년 1학기부터 대외 활동을 시작한 사람을 본 적 있으신가요?

보통은 1학년 1학기에는 학부에 적응하느라 단과대 활동이나 학교 동아리에만 집중하는 경우가 많다. 하지만 찍먹 인간에게 그런 매뉴얼은 없었다. '그냥 다 하면 되지'라는 생각으로, 학교 동아리와 대외 활동을 동시에 시작했다.

처음 했던 대외 활동은 한국소비자포럼에서 주최한 'PT마스터즈'. 발표 기획, 발성, 디자인, 글쓰기까지 프레젠테이션에 필요한 실전 스킬을 배우고, 이를 종합해 실제 기업 과제를 수행하는 활동이었다. 첫 활동에 임하는 나의 자세는 단순했다. 잘 모르니 배우자는 마음가짐. 형, 누나들의 모습을 어깨너머로 흡수하려 했다.

하지만 현실은 냉정했다. 활동 직전까지 국영수

사 공부만 해온 나는 조별 과제도, 프레젠테이션도, PPT 제작도 처음이었다. 무엇을 맡아야 할지, 팀 커뮤니케이션은 어떻게 해야 할지, 자료 조사는 무엇을 기준으로 해야 하는지도 몰랐다. 지금이야 고등학생들도 PPT 수행평가를 잘해내지만, 십 년 전만 해도 PPT는 대학생이 되어서야 처음 만지는 도구였다. 나는 사실상 팀에서 가장 쓸모없는 자원이었다.

PT마스터즈의 강사진은 훌륭했다. 뮤지컬 배우가 발성을 알려주고 직접 노래도 들려줬다. 작가가 와서 스토리텔링과 글쓰기 기획을, 아나운서가 발표 스킬을 알려줬다. 수능 공부만 했던 내게 이런 실전 교육은 그야말로 신세계였다. 선천적으로 끼가 부족하고 발표도 어색했지만, 그저 열심히 참여하는 것만으로도 배울 수 있었다.

우리 팀은 다섯 명으로 시작했지만, 4학년 형 한 명이 취업하게 되며 사 인 체제로 운영됐다. 팀장이었던 형은 정말 발표를 잘했다. 형은 결혼식 사회 아르바이트까지 뛰는 사람이었고, PT마스터즈 활동을 계기로

뮤지컬 무대에 서기도 했다. 우리 팀은 그의 주도 아래 PPT를 완성해나갔고, 나는 주로 자료 조사를 맡았다. 지금 돌아보면 정말 부족했지만, 팀원들이 이해해 줬고, 다른 팀원들의 작업을 보며 하나씩 배워갔다.

　삼 개월간 교육을 받고 나니 PPT는 제법 만들 수 있게 됐고, 마지막에는 디자인 작업도 도왔다. 팀장 형의 캐리로 우리 팀은 최종 이등을 차지했고, 나의 첫 대외 활동은 그렇게 '팔로워'로서 배우는 시간으

로 마무리되었다.

그로부터 십 년이 지난 지금도 당시 팀원들과 가끔 연락을 주고받는다. 팀장 형은 스타트업을 차렸다가 지금은 일반 회사에 다니는 것 같고, 당시 3학년이었던 누나는 세계 곳곳을 여행하다가 곧 결혼을 앞두고 있다. 또 한 친구는 놀랍게도 나의 중학교 동창과 사귀었다는 소식을 듣기도 했다. 세상은 생각보다 좁다.

2) 전역하기만 해봐

1학년 1학기에 시작한 PT마스터즈 활동에 힘입어 본격적으로 2학기에는 한 번에 세 개의 활동을 진행했다. 인천유나이티드와 대학생 정보앱 '아이캠펑'의 협업으로 진행된 핼러윈 축제 기획, 대학생 대외 활동의 꽃인 KT&G에서 진행한 융합인재교육 코스를 진행했다.

방학 때는 DB손해보험에서 주최한 대학생 기업

경영 체험 스쿨과 제주도 워홀을 떠났다. 그렇게 군대에 가기 전까지 열심히 활동했고, 2017년 6월 12일에 입대를 하게 된다. 이 날짜는 굳이 기억하려고 하지 않아도 뇌리에 박혀 있다.

이십일 개월 동안 성실히 국방의 의무를 이행하고, 매일같이 밖으로 나가 대외 활동을 할 날만을 손꼽아 기다려왔다. 그렇게 절대 올 것 같지 않았던 2019년의 해가 밝아왔고, 나는 말전출(말출 전에 나가는 휴가) 휴가를 나가 19년도 1학기 대외 활동 면접을 보러 다녔다.

그때 면접을 본 활동 중 하나가 공공외교단 활동이었다. 아직 새순이 돋기 전이라 이월의 한기가 세상을 뒤덮었지만 곧 사회로 나갈 생각에 들뜬 말년 병장의 심장은 뜨거웠다. 이 년 동안 뼈까지 시린 강바람을 온몸으로 받아낸 이에게 서울의 겨울은 그다지 춥게 느껴지지 않았다. 이 면접을 위해 비니로 머리를 꾹꾹 누르며 열심히 행정 보급관님을 피해 다녀

윗머리도 제법 길렀다. 거울을 보며 이 정도면 거의 민간인이라고 해도 되겠다는 자신감을 지닌 채, 차곡차곡 십만 원씩 모은 적금으로 산 코트를 빼입고 양재동 면접장으로 향했다.

열정이 과했던 걸까. 면접 시간보다 훨씬 먼저 도착한 나는 대기실에서 앞 타임의 면접자들을 계속 보내며 내 차례를 기다렸다. 드디어 시작한 면접, 자리에 편안하게 앉아 나의 차례를 기다렸다. 다른 사람이 하는 말에 고개도 끄덕이며 내 순서만을 기다렸다.

내 차례가 되었다. 어딘가 수상할 정도로 말투가 딱딱한 면접자는 경계 근무를 서며 수없이 연습한 멘트를 한 치의 실수도 없이 쏟아냈다. 준비한 자기소개를 다 뱉고 나서 긴장이 풀린 걸까? 한 면접 위원의 질문을 제대로 듣지 못한 나는 그만 버릇이 튀어나오고 만다.

"잘못 들었슴다? 다시 한 번 여쭤봐도 되겠습니까?"

 면접장에서 잠자코 있던 대표님은 근 이십 년 만에 들어본 군대식 말투에 그만 실소를 터트렸고, 나는 그제서야 상황을 이해하여 얼굴이 시뻘게졌다. 그 후로 면접이 어떻게 흘러갔는지 기억도 나지 않는다. 끝나고 집으로 돌아오는 길에 친구에게 전화해 면접 조진 썰을 한탄할 뿐이었다.

 당연히 조진 줄 알았지만 안쓰럽게 보인 덕분일까? 휴가 중에 합격 문자를 받았다. 발대식 날짜도 휴가 복귀 이틀 전이어서 가까스로 일정을 맞출 수 있었다. 나중에 MT를 가서 면접 당시 이야기를 들어보니, 내가 면접장에 입장하자마자 단번에 군인인 줄 알았다고 했다. 걷는 각도부터 해서 앉은 자세가 영락없는 군인이었다고. 또 나름 머리를 기른다고 길러서 나왔는데, 옆머리가 구 밀리미터로 밀려 있는 게 누가 봐도 말년 군인 머리였다고 한다. 그 MT에서 나는 '잘못 들었습다'로 불렸고, 술 게임을 할 때도 "잘못 들었습다, 넷!" 하면 "잘못 들었습다, 잘못 들었습다, 잘못 들슴돠, 잘못 드르륵……" 하며 술을 왕창 마셨다.

말년 휴가를 복귀하기 이틀 전에 열린 발대식에서 나는 영광스럽게도 대표님의 추천으로 공공외교단 대표로 선서를 하게 되었고, 공공외교단 임명장을 받게 되었다. 그렇게 나는 이 임명장을 들고 휴가 복귀를 하게 된다. 대대에서 한창 전역자들의 머리 길이로 예민하던 시기, 전역 당일 중대장님은 전역자들을 행정반으로 모았다. 그동안 열심히 피해 다니던 우리였지만 전역 당일만큼은 피할 수 없었다. 중대장님은 "너네 머리 안 자르면 전역 안 시켜주겠다"며 엄포를 놓았다.

행정반의 분위기는 안 좋았다. 간부들도 전부 한마

디씩 거들었다. 다들 똥 씹은 표정을 하며 생활관으로 돌아가던 그때, 나는 다시 행정반으로 돌아가 중대장님께 미리 건빵 주머니 안에 준비해둔 임명장을 꺼내 보였다.

"중대장님, 제가 전역한 바로 다음 날부터 공공외교단에 합류하게 되었습니다. 전역하고 나서도 나라를 위해 일하게 되었는데, 한국을 처음 접하는 친구들에게 조금이라도 좋은 인상을 남겨주고 싶습니다. 가뜩이나 봐줄 만한 얼굴도 아닌데, 머리로라도 덮어야 우리나라 이미지에 누를 조금이라도 덜 끼칠 수 있지 않겠습니까? 중대장님과 신교대 때부터 인연이 닿아 지금까지 중대장님 밑에서 많이 배울 수 있었습니다. 한 번만 봐주시면 이 은혜 잊지 않고 간직하겠습니다. 그동안 정말 감사했습니다."

머리를 사수하기 위한 나의 마지막 진심(발악)은 다행히도 중대장님의 마음을 움직였다. 중대장님은 호쾌하게 웃더니 "그래" 하며 악수를 청했다. 다행히도 행정반의 간부들도 흐뭇하게 봐주시며 군대에서의 마지막 기억을 좋게 간직한 채 떠나올 수 있었다.

2019년 2월, 나는 민간인이 되었고 공공외교단 활동을 시작했다. 군대에 가기 전에는 주로 팔로어로서의 역할이었다면 전역 후에는 처음으로 팀장을 맡게 되었다. 그간 거쳐온 활동에서의 경험과 군대에서 분대장을 맡은 것이 나름 큰 도움이 되었다. 군대에 가기 전까지는 팀을 대표할 자신도 없었고 나이도 어려서 앞에 나설 준비가 되지 않았다고 느꼈다면 이제는 나 스스로도 조금은 준비가 된 듯한 기분이었다. 군대에서 열두 개의 턱걸이와 예순아홉 권의 책을 읽으며 나와의 약속을 지켰던 점도 당시 자신감을 높이는 데에 한몫했던 것 같다.

공공외교단 활동은 삼월부터 바빠졌다. 첫 활동은 거점 학교를 정해 공공외교단 프로그램을 홍보하고 유학생들과 함께 DMZ를 방문하는 것이었다. DMZ 방문은 여섯 개 팀의 공통 과제인 만큼, 무엇보다 다른 팀보다 더 많은 유학생을 끌어모으는 게 중요했다. 군 생활 내내 이 순간만을 기대해온 찍먹 인간의 심정은 어땠을 것 같은가?

  인생에서 처음으로 맡은 팀장 + 이제 막 전역 + 군대에서 다수 독파한 리더십 + 공공외교단이라는 막중한 임무(스물네 살 이월의 찍먹 인간에게는 그랬다) + 동기부여 = '파이어!' 그 자체였다. 안 되는 영어와(군대에 영어 회화 책도 가져갔건만) 보디랭귀지와 파파고를 섞어가며 열심히 우리 프로그램을 소개했다. 다이소에서 벚꽃 조화를 사서 들고 다니고, 직접 전단지를 만들어서 외국인 친구들의 관심을 샀다. 지금 그때로 다시 돌아가라면 그렇게는 못 하겠지만 사회에 나온 지 얼마 안 된 대학생의 따끈따끈한 열정과 에너지가 있었기 때문에 가능한 일이었던 것 같다. 직접 발로 뛰며 외국인 학생을 모은 우리 팀은 기어코 가장 많은 유학생을 DMZ로 데려올 수 있었고, 나는 '열정 팀장'으로 불리게 되었다.

성공적인 첫 여행을 마치고 이어서 간 두 번째 여행은 행궁동에 있는 '수원 화성 행궁'으로 정했고, 사전 답사를 다니며 여행 동선과 식당을 사전 조사했다. 만약 여러분이 대외 활동에 참여했는데, 이런 팀장을 만났다면 어땠을까? 쿵짝이 잘 맞고 활동도 마음에 들면 좋겠지만, 사람 마음이 다 그렇지 않다는 걸 이 활동으로 느꼈다. 나는 처음부터 뜨거운 관심을 받았고, 그만큼 이 활동을 성공적으로 이끌고 싶다는 욕심이 앞섰지만, 돈 받고 하는 활동도 아닌 데다, 중간고사 시험 공부에 아르바이트도 해야 하는 팀원이라면 나 같은 팀장이 부담스럽지 않을까?

당시에는 왜 다들 나만큼 의욕이 없을까? 어떻게 하면 팀원들에게 동기부여를 할 수 있을까? 고민하며 군 시절 책으로 배운 리더십 이론들을 적용하려고 노력했지만 근본적인 상황 자체가 다름을 인지하지 못했다. 누군가에게 대외 활동이란 스펙을 쌓기 위한 활동이기에 적당히 시간만 투자하고 싶을 수도 있고, 막상 직접 해보니 처음에 생각한 것과는 달라서 마음이 떴을 수도, 팀원이 마음에 안 들어서 별로 하고 싶지 않을 수도 있다. 그때보다 삶을 더 산 지금의 나는 이런 사정을 이해하지만 그때의 '열정 팀장'은 다름을 받아들이는 데 미성숙했다. 그렇게 팀원 중 대학교 4학년이던 형은 중도 하차했고, 막내였던 여자애도 여행 날에만 참석하고 답사나 팀 회의에는 거의 참석하지 않았다. 그럼에도 남은 팀원들과 열심히 의기투합하여 총 세 번의 여행을 성공적으로 마무리할 수 있었다. 열정 팀장은 2학기에 공공외교단 팀 매니저로 진급하여 면접관이 되었다.

허둥거리며 A4용지 한 장 겨우 채우던 막내에서, 대외 활동 면접관이 되기까지 삼 년이 걸렸다. 뭐, 여전히 학생들의 감투 놀이긴 하지만. 공공외교단 활동은 내 대학 생활 중 가장 에너지 넘치고 활기차던 시절이었다. 백 명이 넘는 외국인과 교류했고, 새로운 문화를 배웠다. 재미있었다.

이 기세를 살려 새로운 대외 활동들을 활발하게 하고 싶었지만, 안타깝게도 코로나로인해 2020년 2월부터는 모든 대면 활동이 중단되었고, 사람들은 집 밖으로 나오지 못했다. 다시 평범한 일상이 찾아왔을 때는 이미 대학교를 졸업한 뒤였다.

9

오늘은 수영 가고,
내일은 크로스핏 갑니다

찍먹 인간은 지금까지 다양한 운동을 찍먹해왔다. 초등학교 때는 축구를, 중학교 때는 농구나, 야구, 탁구 등을 접했지만 손끝 감각이 좋은 편은 아니어서 구기 종목은 결국 축구 외에는 손을 놓았다. 그렇게 발끝의 감각 하나만을 믿고 살아왔지만, 지금은 그마저도 예전 같지 않다.

1) 수영

초등학교 때 한 축구 이후로 하나의 운동에 깊이 몰입한 적이 없었는데, 성인이 되고 이 년 넘게 해온 운동이 바로 수영이다. 내가 수영을 처음 배운 건 스물여덟 살 때였다.

계기는 단순했다. 취업하고 처음으로 코타키나발루로 여행을 갔는데, 환상적으로 아름다운 바다와 리조트 수영장을 제대로 즐기지 못한 게 한으로 남았다. 여기서 찍먹 인간의 DNA가 발동됐다. 실행력 하나는 알아준다는 것. 한국에 오자마자 집 근처 수영장을 검색하고 마지막 남은 자리를 운 좋게 차지할 수 있었다. 지금 생각해보면 정말 운이 좋았다. 수강 신청을 하기 어려운 걸로 악명 높은 구립 수영장에 마지막으로 딱 하나 남은 자리를 얻다니. 만약 이때 신청을 못 하고 어영부영 한두 달이 지났으면 그냥 포기한 채 살았을지도 모른다.

이십팔 년 인생 처음으로 수영 강습을 받게 된 나는, 쿠팡에 검색하면 맨 위에 뜨는 삼만 오천 원짜리 남자 수영복 세트를 구매했다. 하나하나 따로 고민하고 구매할 필요 없이 수모, 수경, 수영복, 가방이 한번에 올인원으로 배송됐다.

첫 수업은 항상 떨리기 마련이다. 호기롭게 수강 신청은 해두었지만 막상 마음속에 막연한 두려움이 남아 있었다. 다 큰 성인 남자가 기초반에서 음파 호흡법을 배워야 하는 게 창피하기도 했다.

쭈뼛쭈뼛 회원 카드를 찍고 들어가자마자 놓여 있는 사물함에 짐을 넣어두고 쿠팡에서 산 삼만 오천 원짜리 수영복 세트를 꺼내 입었다. 샤워를 하고 나서는 다른 사람들의 동태를 살피며 그들을 쫓아 계단을 따라 밑으로 내려가 드디어 수영장에 들어갔다.

기다리다 보니 한두 명씩 밖으로 나와 자리를 잡고

서 있었다. 역시나 쭈뼛대며 대충 허리와 어깨를 돌렸고, 강사님의 호루라기 소리에 맞춰 스트레칭을 따라 했다.

몸풀기가 끝나고 각자 반으로 흩어졌을 때가 되자 나처럼 쭈뼛쭈뼛 서 있던 사람들만 덩그러니 남았다.

"오늘 처음 오신 분들 이쪽으로 오세요."

강사님의 안내에 따라 기초반에 배정됐다. 물은 생각보다 차가웠다. 다들 자연스럽게 킥판을 잡고 발차기를 시작하길래, 나도 눈치껏 따라 했다. 처음이다 보니 온몸에 힘이 잔뜩 들어갔고, 덕분에 몸은 앞으로 나아가지 않은 채 계속 가라앉았다. 한 바퀴 돌고 나니 허벅지가 타들어가는 기분이 들었다. 그래도 내심 기분이 좋았다.

"시작됐구나."

나도 드디어 수영을 배우기 시작했다. 처음에는 폼도 엉성하고 몸은 계속 가라앉지만, 언젠가는 중급반 형님들처럼 접배평자(접영, 배영, 평영, 자유형)를 멋지게 소화할 수 있겠지, 하는 마음으로 묵묵히 발을 찼다.

그로부터 이 년이 흘렀다. 그사이 직장을 두 번이나 바꿨지만, 화요일과 목요일 저녁 여덟 시에서 아홉 시만큼은 무조건 사수했다. 비가 오나 눈이 오나, 그 시간만큼은 늘 수영장에 있었다. 찍먹 인간으로서는 이례적인 일이다. 일주일에 이틀. 고정 스케줄을 꾸준히 지키는 끈기가 내게도 있다는 사실을 새삼 알게 됐다. 중간에 '수태기'가 와서 몇 달 쉬긴 했지만, 수영장을 옮기며 다시 극복할 수 있었다.

코타키나발루에서 수영을 하지 못해 한이 맺힌 찍먹 인간은 이제 자유형, 배영, 평영, 접영 네 가지 영법을 할 수 있게 되었다(잘한다는 말은 아니다). 여전히 폼은 예쁘지 않지만, 리조트 수영장이나 여행지에서는 꼭 수경을 챙겨 가서 수영을 즐긴다.

 일부러 물도 조금 튀게 하면서 조심스럽게 스트로크를 하며 평소보다도 더 느릿하게 수영한다. 수영을 아예 못하는 사람들이랑 같이 가면 이런 영법이 뭔가 더 고수인 것처럼 보이기 때문에. '발버둥 치지 않아도 물에 몸이 뜬다고!?' 내 호흡은 이 정도로 안정적이고 편안하다며 거들먹거릴 수 있다.

 수영을 하면서 좋아진 점이 많이 있다. 체력과 유연성, 그리고 물에 대한 공포감 극복, 수영을 할 수 있다는 데서 오는 자존감 향상, 물놀이를 가서 괜히 거들먹거릴 수 있다는 점 등…… 가장 큰 장점은 바로 침착함이었다.

 수영에서 가장 중요한 건 몸에 힘을 빼는 것이다. 그런데 말이 쉽지, 타고나지 않은 한. 특히 성인이 돼서 수영을 배우는 사람들은 이 작업이 꽤나 오래 걸린다. 어렸을 때는 워낙 몸이 가볍기도 하고 겁도 없었으니 물에 대한 공포심이 적지만, 성인이 되고 수영을 할 줄 모른다면 잃을 것도 많아지고 몸도 어릴 때보다 무거워지다 보니 공포심이 더 커진다. 살기 위해 몸에 힘이 들어가기 마련이다.

그러나 매주 두 번씩 물에 몸을 담그고 수영을 배우다 보면 물과 친해지게 되며 자연스레 공포감도 줄어든다. 그러다 보면 발이 닿는 수심 1.3미터의 수영장에서는 힘을 조금 빼도 괜찮겠다는 안도감이 생긴다. 공포심을 이겨내고 몸에 힘을 빼면 이제 잘 헤엄칠 수 있다. 살기 위해 힘들게 발차기를 하고, 호흡하기 위해 머리를 과하게 들지 않아도, 천천히 그리고 침착하게 수영을 할 수 있게 된다. 이때부턴 수영이 재밌어진다. 호흡이 트인다. 주말 자유 수영에 가서 스무 바퀴도 안 쉬고 수영할 수 있다. 리조트 수영장에 가서 괜히 거들먹거리며 천천히 팔도 꺾으면서 수영을 즐길 수 있다. 이 정도면 충분하지 않은가?

혹시 이 글을 읽는 분들 중 '수영을 배워볼까?' 망설이는 분이 있다면, 다음 달부터 당장 시작하기를 권한다. 일주일에 두 번, 구립 수영장 기준 월 삼만 오천 원 정도다. 이보다 합리적인 운동 강습료가 있을까? 게다가 소득공제도 된다.

내가 그랬던 것처럼 '이 나이에 수영을 배워도 될까……' 고민하는 사람들이 있을지도 모른다. 실제로 수영장에 가보면 할머니 할아버지들도 킥판을 잡고 열심히 발차기를 하고 계신다. 수영은 평생 할 수 있다. 귀가 아픈 사람들을 빼고는 기회가 된다면 수영에 도전해보시길.

수영은 수강 신청이 제일 어렵다. 대부분 매달 이십 일에서 이십삼 일 사이에 신청을 받는다. 수강 신청에 성공하고 첫날 조금 쭈뼛대다 보면 어느새 쿠팡 수영복 세트를 벗어나 예쁜 수영 장비에 관심을 갖게 된 스스로를 발견하게 될 것이다.

2) 크로스핏

이 파트를 쓰는 게 민망할 정도로 아직 초보 단계이지만, 이게 바로 찍먹 정신 아니겠는가?

코로나가 한창 기승을 부리던 2021년 유월, 역시나 쭈뼛대며 크로스핏 박스로 들어갔다. 아마도 유튜브를 보다가 '나도 해볼까?' 싶어 충동적으로 시작한 수많은 일 중 하나였을 것이다. 그 자리에서 한 달 강습료 이십삼만 원을 긁고(수영이 얼마나 저렴한 운동인지 실감하게 된다) 그렇게 힘들기로 악명 높은 크로스핏을 시작하게 됐다.

당시 몇 달간 러닝을 한 상태여서 어느 정도 체력적인 준비는 됐다고 생각했지만, 크로스핏을 하기 위해서는 택도 없는 수준이었다. 크로스핏을 위한 준비는 오로지 크로스핏을 경험하는 것뿐이다. 어차피 대부분 바닥에서 구르는 것에서부터 시작한다. 실제로 와드(wod, workout of the day, 오늘의 운동)가 끝나면 대부분 뺀다.

크로스핏의 가장 큰 매력은 바로 체면 따위 필요 없다는 것. 사회생활을 하다 보면 체면에 얼마나 많은 에너지를 낭비하는가? 크로스핏 박스에서는 체면을 차릴 힘으로 동작 하나라도 더 해야 한다. 낯선 사람들 앞에서 땀을 뻘뻘 흘리며 바닥에 널브러져 있어도 아무도 신경 쓰지 않는다. 내가 땀을 뻘뻘 흘리며 바닥에 널브러져 가쁜 호흡을 내쉬어도 아무도 신경 쓰지 않는다. 옆으로 고개를 돌리면 나처럼 널브러진 사람들만 보일 뿐이다.

크로스핏에는 헬스에서는 하지 않는 다이내믹한 역도와 체조 동작들을 하나씩 배워가는 재미가 있었다. 그렇게 육 개월 동안 열심히 넘어지고 구르며 체력을 길렀다.

그러다 겨울이 왔고, 코로나는 더욱 기승을 부렸

다. 정부에서는 사 인 이상 모임 금지, QR코드 입장 등 다양한 대책을 강구했고 공공시설 이용 제한이 더욱 엄격해졌다. 처음에는 크로스핏을 못 하게 되니 몸에 좀이 쑤셔서 러닝이라도 하면서 몸을 움직였지만, 차츰 집에 머무는 게 편해지기 시작했다.

그로부터 몇 달 뒤, 공공시설 이용 제한이 풀리며 일상도 조금씩 회복되었지만 나는 선뜻 크로스핏 박스로 돌아갈 수 없었다. 당시 대학생 신분에 금전적인 부분도 부담스러웠고, 이 운동이 얼마나 힘든지 이제는 알기에 크로스핏 박스로 향하는 발이 떨어지질 않았다. 관성이라는 게 참 무섭다. 다시 크로스핏 박스로 향한 것은 그로부터 삼 년이 지난 2025년 정초, 새해 버프 덕분에 다시 크로스핏 박스를 등록했다. 나약한 내 자신을 붙들어놓기 위해 이번에도 역시 돈부터 걸어두었다.

삼 년이란 시간은 개인의 체력이라는 관점에서 볼 때 상당히 긴 시간이다. 그사이 새벽까지 강행된 야근과 통근으로 인해 스트레스를 받았고, 운동과는 거리가 먼 삶을 살아왔다. 그나마 일주일에 두 번 수영을 하며 위안을 얻었지만, 수영 강습은 체력 향상의 관점보다는 스킬 향상에 중점을 두었다.

삼 년 만에 돌아간 박스에서 나는 사실상 크로스핏을 처음 시작하는 비기너라고 봐도 무방한 수준이었다. 아니나 다를까 다시 박스로 돌아간 첫 수업부터 정말 죽을 맛이었다. 버피테스트 스무 개만 해도 머리가 어지럽고 호흡이 가빠졌다. 거기에 새로 등록한 박스도 썩 마음에 들지 않았다. 텃세랄까? 괜히 눈치도 보이고, 억지로 화이팅도 해야 되고, 와드도 미리 안 알려주고. 하여튼…… 여간 불편했다. 그래도 나갈 수밖에 없었다. 이미 육십만 원을 긁어두었기 때문에 등록 기간은 다 채워야지…….

두 달 후 회원권이 종료되고 이번에는 크로스핏 드랍인(일 회 체험)을 다니면서 근처의 다양한 박스들을 찍먹했다. 역시 마음에 드는 곳을 찾기 위해서는 귀찮아도 발품을 팔아야한다. 새로 등록한 박스는 전에 다닌 곳들보다 훨씬 체계적이고 깔끔했다. 앱을 통해 이번 주 와드도 다 볼 수 있고, 동작을 미리 볼 수 있게끔 영상도 함께 올라왔다. 무엇보다 코치님들이 친절했다. 코치님들 간의 친절함 경쟁이랄까? 한 코치님은 휴가를 냈는데, 그 사유가 교회 수련회 참석이었다. 선한 종교인에게서 느껴지는 무한 긍정 에너지를 느낄 수 있다. 또 다른 코치님은 모든 사람의 이름을 다 기억했고 항상 밝은 목소리와 표정으로 인사해 주시는 것은 물론 가끔씩 운동 중에 어려운 점은 없는지 물어본다. 크로스핏은 특히 부상 위험이 큰 운동이라 부정적인 의견도 많은데 그렇기 때문에 전문적이고 체계적인 박스에서 배워야 한다. 지난주에 삼 개월을 더 연장하고 왔다.

    나의 역도 동작은 여전히 형편없고 스트렝스(최대 근력을 키우는 것에 집중하는 훈련 방식)와 카디오(심장과 폐의 기능을 강화하는 운동)도 다른 회원에 비해 많이 모자라지만, 친절한 코치님들 아래에서 열심히 배우고 있다. 아직 다른 회원에 비해서는 한참 모자를지 몰라도, 오 개월 전의 나와 비교하면 눈비디에 많은 변화가 생겼다. 똥배도 들어갔다. 샤워할 때 거울 앞에서 라인도 한번 잡아본다. 체력이 전반적으로 좋아지니 수영도 더 잘된다. 그전에는 수영할 때 호흡이 한번 차면 '아, 오늘 체력 다 썼구나. 남은 구간은 천천히 돌아야겠다'라는 나약한 정신이었다면, 크로스핏

을 시작하고 나서는 '호흡이 좀 차네? 이제부터 시작이로구나' 생각한다. 힘이 생기니 접영도 더 잘된다.

귀차니즘도 많이 줄었다. 박스에서는 버피테스트를 하며 바닥에서 굴러다니기 일쑤라, 허리 굽히는 일 정도야 일도 아니게 됐다. 예전에는 바닥에 떨어진 에어팟 한 짝을 주울 때도 앓는 소리를 내며 '아구구구……' 소리를 내며 귀찮은 티를 팍팍 냈다면, 이제는 버피테스트 하나 한다는 생각으로 바닥에 납작 엎드려 소파 밑으로 들어간 에어팟을 꺼낸다.

생각의 전환은 생각보다 많은 변화를 가져온다. 생각은 감정을 불러일으키고, 감정은 그날의 기분을 좌우하니까. 평온한 하루를 보내려면, 기분 좋은 일이 생기는 것만큼이나 나쁜 감정을 털어내는 일도 중요하니까. 귀차니즘 디버프로부터 자유로워진다는 게 어떤 느낌인지는 겪어본 사람만이 알 수 있다.

크로스핏에 부정적인 의견을 보내는 사람들도 많이 존재한다. 우선 가격이 비싸다. 개인이 매달 이십만 원 이상의 돈을 운동에 투자하는 것은 누구에게나 부담스럽다. 또 부주의하면 다칠 수 있다. 나는 크로스핏 찬양론자도 아니고, 크로스핏만 평생 할 생각도 없다. 상암에서 F45(기능성 운동Functional Training을 사십오 분 동안 진행하는 운동 프로그램) 코치를 하는 친구는 여기로 넘어오라고 자꾸 꼬드긴다. 시간과 장소만 맞으면 언제든 넘어갈 수도 있다.

그럼에도 평소에 크로스핏에 관심이 있었거나 이 글을 읽고 호기심이 생겼다면 한 달 정도 찍먹하는 걸 권하고 싶다. 뭐가 됐든 남의 의견에 휘둘리는 것보다는 스스로 직접 내 돈 태워길 때 훨씬 더 난단하게 경험하고 느낄 수 있기 때문이다. 누구에게나 잘 맞는 운동은 분명 아니다. 하지만 그건 해봐야 알 수 있다. 한번 해보면 확실하게 알 수 있다. 누군가가 옆에서 아무리 크로스핏이 어떻다고 말해도 그 말에 흔들리지 않을 것이다. 이미 내가 직접 경험했기 때문이다. 찍먹의 묘미는 바로 여기에 있다.

나의 취향을 찾아가는 것. 나와 잘 맞는 것을 찾아가는 동시에 나와 어울리지 않는 것들을 소거해나가는 것. 그러면서 나를 더 잘 이해하게 되는 것. 스스로와 진솔한 대화를 나눌 기회가 생기는 것. 이것만으로도 이십만 원의 값어치는 충분하지 않을까 싶다.

18

나의 첫 자취방, 1118호

사람은 언젠가 독립을 해야 하지만 사실 나도 지금 못 하고 있다. 이 년 동안 나갔다가 본가 이사에 맞춰 나도 다시 들어왔다.

그래도 나중에 완전히 독립하기 전에 자취 찍먹을 한번 해보기를 정말 잘했다고 생각한다. 당시 나에게는 큰 변화가 필요했다.

1) 변화가 필요하다면 공간부터 바꿔라

 당시 잘 사귀고 있던 여자 친구가 있었는데, 어느 날 갑자기 연락이 닿질 않았다. 알고 보니 그녀가 전 남자 친구와 결혼을 전제로 재결합했고, 나는 낙동강 오리알 신세가 된 것이다. 다시 연락이 온 건 하필이면 내 생일이었다. 그날 이별 통보를 받았고, 나는 마음에 심각한 내상을 입었다. 당시로서는 받아들이기 힘들었다. 선택받지 못했다는 좌절감이 나를 짓눌렀다. 나는 그저 아무것도 없는 취준생에 불과했으니까. 붙잡고 싶었지만, 그녀는 냉정했다.

 상실의 고통에서 벗어나기 위해 매일 칠 킬로미터씩 달리며 잊으려 했지만 잔상은 그렇게 쉽게 사라지지 않았다. 그 와중에 글 연재도 시작하고, 포토샵 자격증도 따고, 취업 준비도 나름 열심히 했지만, 세상에 내 뜻대로 되는 게 단 하나도 없었다.

 반쯤 정신을 놓고 살던 어느 날, 친구의 집에 놀러 가서 술을 먹던 중 자취를 시작해야겠다고 마음먹었고, 몇 달 뒤 나는 그 오피스텔의 십일 층으로 이사했다. 창도 크고 볕이 잘 드는 정남향의 집이었다. 당시 주역에 관한 책을 읽고 있었는데, 운을 바꾸기 위한 가장 좋은 방법은 변화를 주는 거라고, 그중 사는 곳에 변화를 주는 것이 가장 효과적이라고 했다.

매달 나가는 월세 칠십만 원이 부담스러웠지만 '될 대로 되라지' 마인드였기 때문에, 기꺼이 지를 수 있었다.

취준생이 입주 청소 맡길 돈이 어디 있었겠는가. 더위가 기승을 부리는 팔월, 남동생과 같이 빗과 물걸레를 하나씩 들고 내 첫 공간이 될 장소를 열심히 닦았다. 기분도 낼 겸 짜장면도 시켜 먹고, 머릿속으로 자취방 구도를 생각했다. 입주한 첫날 밤을 아직도 잊을 수 없다. 텅 빈 공간과 맨바닥에 이불 하나 깔고 잠을 자는데, 느낌이 나쁘지 않았다. 이 공간에서 왠지 좋은 일들이 가득 일어날 것만 같았다.

역시 공간을 바꿔야 새로운 운이 들어오는 걸까? 그로부터 한 달 뒤, 정말 가고 싶었던 회사의 인턴에 붙었고, 비슷한 시기에 새로운 인연도 생겼다. 그렇게 나의 첫 자취가 시작되었다.

2) 음쓰가 안 나오는 집

 자취를 하다 보면 나도 몰랐던 내 모습을 발견하기도 한다. 내가 참을 수 있는 것과 참을 수 없는 것은 무엇인가? 나는 설거짓거리가 쌓이는 게 싫었다. 선택지는 두 개였다. 먹고 바로 설거지를 하든가, 아니면 설거짓거리 자체를 없애든가. 나의 선택은 후자였다. 나는 설거지를 최대한 줄이기 위해 '숫밥(숫가락 하나로 해결하는 식사)'을 주로 먹었다. 삼백 그램 햇반 큰 공기에 이십사 그램의 단백질이 포함된 닭다리 살을 에어프라이어에 구워 햇반 용기 위에 올려 숫가락으로만 밥을 먹었다. 숫가락은 오늘의 집에서 여섯 개 세트로 사뒀다. 이렇게 먹으면 숫가락만 설거지하면 됐다.

 물론 나중에는 질려서 엄마가 냉장고에 채워둔 과

일과 고기도 구워 먹곤 했는데, 자취 초반에는 주로 숫밥으로 버텼다. 이렇게 먹으면 음식물 쓰레기가 하나도 나오지 않았다. 메뉴는 단조로웠지만 생각보다 그렇게 힘들지 않았다.

설거지가 하기 싫기도 했지만, 무엇보다 음식물 쓰레기가 나오는 게 너무나도 싫었다. 당시 살던 오피스텔 지하에는 거대한 음식물 처리기가 있어서 거기에 짬을 넣어야 했는데, 그 뚜껑을 열어서 잔반을 털어 넣는 게 너무 싫었다. 냄새도 역하고, 비위생적이고, 피부에도 안 좋을 것 같았다. 군대에서 음식물 처리 당번을 여러 번 해서 그런 자취할 때도 유독 음식물 처리가 너무 싫었다. 군대에서는 음식물 쓰레기 봉투를 최대한 아껴야 했기에 쓰레기를 꽉꽉 눌러 담다가 대참사가 났던 기억이 또렷이 남아 있다.

그래서 음식물 쓰레기도 나오지 않고, 설거짓거리를 최소화하기 위해 배달도 프라이드치킨이나, 피자

같은 거만 시켜 먹고는 했다. 국물 요리 절대 금지. 가끔 마라탕을 먹고 싶다는 여자 친구의 요구가 있었지만, 1118호에서 국물 요리는 반입 금지 품목이었다. 누구에게도 예외는 없었다.

음식물 처리와 설거지는 그렇게 싫어했지만 욕실 청소에는 진심이었다. 욕실 사이에 줄때가 끼는 게 싫었고, 하수구에 머리카락이 쌓이면 바로바로 치웠다. 화장실에서는 좋은 향이 나야 했다. 방에 청소기도 자주 돌리고, 빨래도 밀리지 않게 했다. 다른 집안일은 다 할 만했지만, 음식물 처리만은 절대 피하고 싶었다. 요즘은 미생물 음식 처리기를 많이 들이는 것 같던데, 과학기술 만만세다.

3) 가족과 친하게 지내는 방법

우리 집은 앞전에 얘기했다시피 삼 남매다. 심심하게 크지 않아서 좋았지만, 그만큼 싸우기도 많이 싸웠다.

"난 '1박 2일' 보고 싶다고. 왜 네 마음대로 '패떴(패밀리가 떴다)'으로 돌려?"

"냉동실에 얼린 내 짜요짜요 누가 훔쳐 먹었냐?"

"화장실 변기 커버 쓰고 좀 내려놓으라니까."

등등등…… 어릴 때부터 같이 살다 보면 필연적으로 발생하는 다툼. 자취를 시작하고 나니 사소하게 다툴 필요가 없어졌다. 내가 보고 싶은 프로그램 찾아서 보고, 냉동실에 아이스크림을 사놔도 훔쳐 먹는 사람도 없고, 화장실 변기 커버를 내리든 올리든 내 마음이다. 심지어 화장실에서 샤워하고 물기만 대충 닦은 채 나체로 나와도 된다. 해본 사람들은 알겠지만 이건 태초의 자유다. 그 상태로 얼굴에 스킨과 로션을 바르고, 바디 로션도 바르고, 머리도 다 말리고 나서 그제서야 속옷을 입는다. 뽀송 그 자체다.

이런 사소한 자유 외에도 가족과 떨어져 있으면 애틋한 감정도 피어오른다. 같이 살 때는 생존 신고만 했다면, 자취를 시작하고 나서부터는 안부 연락차 카

톡도 더 자주하고, 가끔 만나도 더 살가워진다. 역시 다 크고 나서는 가족끼리 떨어져야 애틋해진다. 그걸 간과하고 작년에 본가로 돌아왔다. 오늘도 '가족은 떨어져 살아야 더 화목하다'는 명제를 스스로 증명하며 살아가고 있다.

4) 혼자 사는데 아프면 배로 서럽다

자유로운 자취 생활을 이어가던 중, 나에게도 시련이 올 것이 왔다. 바로 코로나. 백신을 안 맞아 증상이 더 심했던 걸까? 정말 살면서 처음 겪는 고통이었다. 자취생으로 처음 맞이한 겨울, 그날도 지하 일 층 헬스장에서 하체를 털어주고 간신히 올라와 샤워를 마쳤다. 유난히 몸이 으슬거렸지만, 별일 있겠냐며 대수롭지 않게 잠이 들었다. 새벽 세 시쯤이었을까? 몸에서 식은땀이 줄줄 흐르고 머리는 깨질 듯이 어지러웠다. 고개를 조금만 옆으로 돌려도 뇌가 흔들리는 기분이었다. 뭔가 단단히 잘못됐다.

'집에 타이레놀이 있었나?' 침대에서 간신히 기어 나와 보일러를 최대치로 높이고, 약통을 찾아서 엄마가 챙겨준 상비약들을 뒤졌다. 불을 켜고 타이레놀을 간신히 찾아 입에 털어 넣었지만, 약효가 들지 않았다. 제대로 서 있을 수도 없었다. 세상이 도는 기분이었다. 서 있기를 포기하고 엉거주춤 앉아 그대로 땅바닥에 엎드렸다. 직감적으로 알았다. "올 게 왔구나." 코로나가 한창 기승을 부릴 때도 몸 멀쩡히 지내면서 친구들한테 "나는 안 걸려"라는 사망 플래그를 꽂았었는데 드디어 내 차례가 온 것이다.

지금까지는 아프면 엄마가 물수건이라도 올려주면서 상태를 체크해줬을 텐데, 1118호에는 열이 펄펄 끓은 채 바닥에 납작 엎드린 나밖에 없었다.

정신을 차리려고 간신히 핸드폰을 집어 아무 노래나 틀었다. 그때 나온 노래가 르세라핌의 'ANTIFRAGILE'이었다. 그때 스피커를 뚫고 나온 전주는 아직도 잊히지 않는다.

"안티-티-티-프라-자-프라-자."

처음에는 설정이 잘못됐나 싶었지만, 진짜 잘못된 건 나라는 걸 알아채는 데는 그리 오랜 시간이 필요하지 않았다. 처음엔 스피커 설정이 잘못된 줄 알았다. 그런데 진짜 고장 난 건 나였다. 귀로는 노래를 듣고 있는데, 뇌는 그걸 음악으로 인식하지 못하는 듯했다. 분명 르세라핌이 노래를 하고 있는데, 이상한 모스 부호쯤으로 들렸으니까. 그 순간 본능적으로 느꼈다. '지금, 단단히 잘못됐구나.' 평소에는 아무 생각 없이 신나게 듣던 르세라핌의 노래가 나의 장송곡이 되겠구나. 그렇게 바닥에서 꿈쩍도 못 한 채 해 뜨기만을 기다릴 수밖에 없었다. 평소 가벼운 감기나 몸의 이상 증상을 대수롭지 않게 넘겨서 병원에 잘 가지 않지만, 이번에는 살기 위해 현대 의학 기술이 절실히 필요했다. 가장 가까운 병원 진료 시간에 맞춰 옷을 있는 대로 껴입고 병원으로 향했다.

평소에는 건대까지 걸어서 십 분이면 갈 텐데 이날따라 왜 이리 먼 건지, 한 걸음 뗄 때마다 고통이 밀려왔다. 매섭게 부는 십이월의 칼바람은 뇌를 직통으로 뚫고 들어오는 듯 했다. '정신력. 정신력으로 버텨야 한다.' 엉망인 몰골로 간신히 도착한 병원에서 접수를 하고 코로나 검사부터 받았다. 당연히 양성이었다. 열은 삼십팔 도까지 올라 있었다. 병원에서는 여러 당부 말씀과 함께 약을 왕창 챙겨주었다. 집으로 오는 길에 너무나 서러웠다. 혼자 아프면 이렇게 쓸쓸하고 외로운 거구나.

집으로 돌아와 엄마에게 전화해서 자초지종을 설명했다. 엄마는 죽을 만들어서 버선발로 달려와 나를 간호하고 냉장고를 채워주었다. 평소에는 혼자만의 공간에서 자유에 취해 있다, 아프고 나서야 가족의 소중함을 뼈저리게 느꼈다.

당시 여자 친구는 제주도에서 가족들과 여행 중이었는데, 내가 아프다는 소식을 듣고 많이 걱정해주었다. 밥도 제대로 못 먹고 있을 줄 알았던 건지, 나에게 깜짝 서프라이즈를 해주고 싶었던 거 같다. 분명 배달을 시킨 적이 없었는데 집에 초인종이 눌렸다. 일어날 기운도 없어서 그냥 누워 있었는데 계속 초인종이 눌렸다. 나는 다 나간 목을 짜내며 외쳤다.

"누구세요?"

"죽 배달이요."

"안 시켰는데요."

"여기 맞아요."

"아, 그럼 앞에 놓고 가주세요."

"착불이라 계산해주셔야 돼요."

"네?"

나는 가까스로 몸을 일으켜 지갑을 찾고 결제를 했다. 아무리 정신이 없고 아픈 상태라지만 나는 분명 배달을 시킨 적이 없다. 친구들이 아픈 나한테 장난치는 건가 해서 물어봤지만 다들 무슨 소리냐며 아무리 그래도 코로나 걸린 애한테 그런 짓은 안 하다고 나무랐다. 누구지 싶어서 여자 친구에게 물어봤다.

"혹시 우리 집으로 죽 시켰어?"

"아니? 나 안 시켰는데?"

"아 누구지…… 진짜 잡히면 가만 안 둔다."

"어??? 왜?"

"어떤 미친놈이 우리 집에 착불로 죽 시켰어."

"……"

그녀가 말이 없어졌다.

잠시 후 결제 내역을 확인해보고 돌아온 거 같다.

"그…… 내가 진짜 미안해. ㅠㅠ 그거 사실 나야…… 깜짝 이벤트로 죽 시켰는데, 내가 착불로 시켜버렸네? ㅎㅎ……"

"ㅋㅋㅋㅋㅋㅋㅋㅋㅋㅋㅋㅋㅋㅋ"

아픈 와중에도 헛웃음이 나왔다.

"미안……^^ 내가 돈 보내줄게……"

"아니야, 됐어. 안 받을 거야. 아니, 뭘 이렇게 많이 시켰어. 지금 목구멍 아파서 밥도 잘 안 들어가는데."

그렇다. 그녀는 꽤나 자주 어설프다. 그래도…… 사람은 참 순수하다…… 역시 엄마만큼 나를 챙겨주는 사람이 없다. 우리 엄마 최고다.

자취 찍먹하며 얻은 것들

변화가 필요해 시작한 자취는 실제로 나에게 크고 작은 변화를 가져다줬다.

집착서점 채널을 처음 시작한 것도, 그 자취방에서였다. 당시에는 카메라 앞에서 말하는 게 너무 어색해서, 같은 문장을 수십 번씩 반복하며 찍곤 했다. 지금 생각해보면 꽤나 촌스럽고 부끄러운 장면인데, 만약 그때 다른 사람과 함께 살았다면 아마 시작조차 못 했을 거다. 혼자라는 건 부끄러움을 감출 수 있다는 뜻이기도 하다. 그리고 그건 시작하는 사람에게 가장 필요한 조건이기도 하다.

물론 자취는 돈이 든다. 월세며, 관리비며, 장보는 비용도 만만치 않다. 그래서 계약 기간이 끝나고 가족이 이사하는 타이밍에 맞춰 다시 본가에 들어오게 됐고, 지금은 가족들과 함께 살고 있다. 그런데도 그 시절을 돌아보면, 젊은 날의 이 년을 온전히 나만의 공간에서 살아본 경험이 참 귀하다. 남의 눈치 안 보고 먹고 자고 일하고, 내 시간과 리듬에 맞춰 하루를 설계하던 시간. 변화가 간절히 필요하던 시절, 될 대로 되라는 식으로 부동산 계약서에 사인을 했고, 이 년 동안 인생에 많은 일이 있었다. 질러보니 길이 보인다. 젊을 때는 좀 질러봐도 된다.

11
N번째 포기, N+1번째 시작

"좋아하는 일을 찾으세요."

어릴 때부터 여기저기서 흔히 듣던 말이다. 주로 청소년 권장 도서에서나 보고, 도덕 선생님이나 하셨을 법한 이야기. 어린 시절의 나는 그 말을 믿었고, 자연스럽게 이런 질문을 품었다. "나는 뭘 좋아하지?"

그때 나는 축구를 좋아했다. 축구 선수가 될 수는 없지만, 축구 에이전트, 해설가, FIFA 직원, 축구 코치, 감독…… 여러 가능성을 상상했다. 하지만 나이가 들면서 현실 앞에 하나씩 꿈을 접게 되었다.

해설가? 발성이 안 된다.
FIFA 직원? 오 개 국어 해야 된다던데? 포기.
축구 감독? 선수 출신이 아닌 사람이 감독이 될 수 있을까? 아. 무리뉴가 있지.
무리뉴의 자서전을 사서 읽어봤다.
아, 무리뉴도 하부리그 선수까지는 했구나. 그리고 통역가도 했고.
특히 한국 체육계에서는…… 포기.

"나한테 어울리는 축구 관련 직업은 과연 뭘까?"

사실 이건 중요한 질문이 아니었다.
시간이 지나면서 더 근본적인 질문이 내 앞을 가로막았다.
"나는 과연 정말 축구를 그렇게까지 좋아하는가?"

"평생을 이 산업에 몸담고 싶을 만큼 좋아하는가?"

중학생 때는 자신 있게 'Yes'라고 했겠지만, 십오 년 뒤에 돌이켜보니 'No'다. 십오 년 전의 나에게 이렇게 말해주고 싶다.

"큰일 날 뻔 했어, 애송이. 넌 사실 그다지 축구를 좋아하지 않거든"

그래 봤자 이렇게 반박하겠지만 말이다.

"아저씨가 뭘 알아? 페르난도 토레스는 나의 우상이라고."

"좋아하는 걸 해라", "재능을 좇아라" 같은 말이 한때 꽤 쿨해 보였다. 주체적이고 진취적인 삶을 사는 것 같았으니까. 그러나 그때 내게 이런 말을 해준 선생님들도 세상이 이렇게 빨리 바뀔 줄은 몰랐을 거다. 세상은 급변하고, 우리들의 흥미를 끄는 것도 매번 달라진다.

우리는 그때보다 훨씬 빠르게 식고, 더 쉽게 질린

다. 나는 한때 축구를 좋아한다고 믿었지만, 그 마음은 생각보다 오래가지 않았다. 이제는 축구보다 야구와 격투기를 더 좋아하게 됐다.

하지만 십오 년 뒤에도 과연 이 스포츠들을 여전히 좋아할까? 선뜻 그렇다고 대답하기 어렵다. 우리는 너무나 예측 불가능한 시대를 살고 있으니까.

좋아하는 것도, 유행도, 생각도…… 다 빠르게 바뀐다.

세상이 바뀌었다. 정보는 과잉되었고, 선택은 혼란스럽다. 선택지가 적으면 주체적인 느낌이 들지만, 많아지면 오히려 마비된다. 슈퍼마켓에서 세 가지 종류의 치약 중 하나를 고를 때 선택의 자율권을 가지고 있다고 느끼지만, 올리브영에 비치된 치약 스무 개 중 하나를 고르는 상황에 놓이면 고르지 않은 제품에 들어간 성분에 대한 아쉬움이 짙게 남는다. 스무 개 중 특정한 치약 한 개를 골라도 영 뒤끝이 개운하지가 않다. 비단 치약뿐이랴. 어떤 옷을 입을지, 점심으로 뭘 먹을지, 넷플릭스에서 어떤 영화를 볼지,

어떤 카페에 갈지, 어떤 로션을 바를지, 어떤 직업을 가질지. 우리는 매일같이 수많은 선택지 앞에서 갈팡질팡한다.

아마 '좋아하는 일을 하라'고 말씀하신 선생님도 대부분도 지금 유튜브를 틀어놓고 식사를 하고 계시지 않을까? 당시 선생님의 혜안이 잘못됐다는 게 아니라, 지금은 세상의 문법이 변했다. 어제와 오늘의 취향이 다르고, 오늘과 내일의 유행이 다르다.

그럼에도 불구하고, 넘치는 정보 속에서도 자기의 취향과 재능을 건져 올리는 사람들이 있다. 장인, 덕후, 스페셜리스트라 불리는 이들이다. 나처럼 좋아하는 걸 확고하게 다지지 못한 사람들에게 그들은 너무나도 부러운 존재다.

하지만 가만히 보면, 좋아하는 걸 확고하게 다진 사람들이 더 빛나는 이유는 역설적으로 그렇지 못한

사람들이 점점 더 많아지고 있기 때문이 아닐까? 평생 직장이라는 개념은 이미 희미해졌다. 삶의 문법이 바뀌었다.

국가가 주도하는 경제 5개년 계획은 일이 년 단위로 짧아졌고, 애자일agile하게 해보자는 판교 사투리가 현업에서 널리 쓰이고 있다. 상황에 맞게 유동적이고 유연하게 조정하며 일을 진행한다는 뜻이다. 직접 해보고, 작게 시작하고, 피드백을 받아가며 계속 수정하고 개선해나간다. 속된 말로 각이 안나오거나 트렌드가 이미 변했다면 과감하게 버린다.

인간이 AI를 절대 따라잡을 수 없는 것 중 하나가 바로 실패의 속도다. 머신러닝은 일 초에도 수만 번씩 실패하면서 학습한다. N번의 실패를 겪고 나름의 결과를 도출해낸다. 물론 그 결과가 아직 정확하지 않을 수 있다.

집착서점 채널을 운영하기 전 '그리스로마신들의 캠퍼스 라이프'를 컨셉으로 생성형 AI '미드저니'와 씨름하며 프롬프트를 짜고 이미지를 뽑아냈다. 처음 미드저니를 사용할 때만해도 얼굴이 뭉개지고, 눈동자도 엇나가고, 손가락도 여섯 개씩 달린 이미지가 나왔다. 그러나 미드저니를 이용한 지 불과 세 달 만에 문제점이 완전히 개선됐다. 손가락은 다섯 개로 멀끔하게 뽑혔으며 화질도 4K로 서비스가 가능하고, 결과물도 전에 비해 훨씬 명료해졌다.

그 똑똑한 머신러닝마저 실패하며 '애자일하게' 나아간다. 많은 이들이 '챗지피티는 거짓말을 너무 많이 한다'고 이야기하지만, 머지않아 정확도는 훨씬 올라갈 것이다. 실패를 반복하며 학습하기 때문이다.

성공한 사람들은 평균 일곱 번의 실패를 경험한다고 한다. 한 번 실패 할 때마다 성공 확률은 14.286퍼센트씩 증가하는 셈이다. 지금 이 시대 인간의 성공

문법은 AI의 성공 문법과 크게 다르지 않을 것이다. 결국 핵심은 얼마나 많이 실패하고, 얼마나 잘 개선하느냐다.

'찍먹 인간'은 어떤 관점에서는 '실패 인간'이다.

축구 선수의 꿈은 접었고, 취향 찾기도 실패하고, 창업도 세 번이나 실패했다. 서류에서는 이백 번도 넘게 떨어지고(귀하의 뛰어난 역량에도 불구하고……), 인적성 검사와 면접에서도 무수히 고배를 마셨다.

주변 사람들의 시선이 어땠을지는 모르겠지만 이 년 전까지만 해도 나는 스스로를 이렇게 보고 있었다.
시도만 많고, 결과는 없는 인간.
끈기 없고, 겉돌기만 하는 인간.
내 무의식 깊숙이 자리 잡은 이런 생각에 어딜 가든 당당하지 못했다.

몇 번째 실패를 겪고 있을 때였을까? 2024년의 해가 떠올랐고, 문득 '그냥 얼굴 까고 영상 찍어보자'는 결심 하나로, 책 소개 계정을 만들었다.

처음 영상은 지금 보면 민망할 정도의 수준이다. 몇 개의 영상이 알고리즘을 탔고 본능적으로 '이건 됐다'는 느낌이 찾아왔다. 그 형편없는 영상들을 수천 명이 봐준다는 데 자신감이 생겼다. 그래서 잘하고 싶어졌다. 독서를 주제로 하는 해외 영상들도 찾아보고, 서점으로 달려가 하루 종일 서서 소개하기 좋은 책들을 눈에 불을 켜고 찾았다.

그렇게 처음으로 제대로 밀어 올린 책이 『프로젝트 헤일메리』였고, 이십만 조회수를 달성했다. 새로고침을 할 때마다 조회수와 팔로워가 실시간으로 늘어나는 게 눈에 보였다. 나의 숱한 실패 인생의 터닝 포인트가 된 순간이다. 이제 더 이상 '집착서점'은 찍먹의 영역이 아니었다. 내게 남은 소스를 모조리 부어버렸다.

회사도 퇴사하고(이야기하자면 길지만), 오백만 원을 들여 카메라도 구입하고, 하루 종일 해외 계정들을 찾아보며, 매일같이 눈에 불을 켜고 흥미로운 소설들을 발굴해갔다.

그때 처음 느꼈다. 찍먹 인간도 하나를 깊게 팔 수 있는 인간이었다는걸. 드디어 찾았다. '집착서점'이라는 나의 부캐를 통해 예전에는 상상도 하지 못한 기회들과 닿게 되었다.
첫 소설로 톨스토이 상을 수상한 『작은 땅의 야수들』의 저자 김주혜 작가님을 뵙고 토크 콘서트의 MC를 보는 영예도 누렸다. 독립 서점과 함께 책 추천 큐레이션 전시를 열기도 했으며, 영화 시사회에도 초대받고, 꿈에 그리던 출간 계약도 할 수 있었다.

참으로 감사한 나날이다. 그러나 여기서 안주할 수

없다. 세상은 너무나 빠르게 변한다. 나의 찍먹은 여전히 계속되고 있다. '집착서점' 계정 내에서도 새로운 콘텐츠 포맷을 발굴하려는 시도가 계속되고 있다.

카메라 각도, 시네마틱 효과, 필터, 공간 연출 등 육십 초 안에서 수많은 변주를 주고 있다. 이 원고가 끝나면, 롱폼에도 도전할 계획이다. 전국의 독립 서점을 돌아다니며, 공간과 사람을 담은 이십 분가량의 영상 콘텐츠를 만들고 싶다. 여건이 되면 작가님들을 모시고 팟캐스트도 해볼 생각이다.

이것 말고도 획기적으로 적용해보고 싶은 게 앞으로도 많이 생겨날 것이다. 그 아이디어들을 직접 적용하고, 피드백을 받아가면서, 수정히고, 개선해나가야 한다. 하다가 '이건 아닌데' 싶으면, 접고 N+1번째 시도를 하면 된다. 그 시도가 꼭 '집착서점'이 아니어도 된다. 지금까지의 나의 삶을 돌아보면 '집착서점'의 작은 성공은 또 다른 여정의 시작일 뿐이다.

그렇게 또 계속하다 보면 얻어걸릴 것이다.

세상의 문법은 끊임없이 바뀌고 있다. 빨라도 너무 빠르다. 어떤 때는 잘하는 걸 하는 게 맞고, 어떤 때는 좋아하는 걸 하는 게 맞다. 정답은 없다. 정답에 가까워지는 유일한 방법은, 계속 시도하고 직접 부딪혀보는 것뿐이다. 해보기 전까지는 모른다. 해봐야 후회가 남지 않고, 해봐야 마음이 단단해진다. 그리고 그렇게 하나하나 해보면서, 우리는 조금씩 '나'에 대해 알아간다.

새로운 게 나오면 찍먹하고, 음미하고, 탈 나면 뱉고, 맛있으면 기꺼이 소스를 부어본다. 삶은 정답이 아닌, 시도들의 연속이다. 찍먹 인생은 계속될 것이다.

에필로그

나는 좋아하는 일을 찾지도, 잘하는 일을 찾지도 못했다.

좋아한다면 십 년도 넘게 좋아했어야 했고,

잘한다면 상위 4퍼센트 안에는 들어야 했다.

어렸을 땐 나이가 들면 그런 어른이 되어 있을 거라고 믿었다.

양복을 입고 회사에 가서, 열정적인 눈빛으로 전문가 같은 퍼포먼스를 뽐내며 남들의 인정을 받는 그런 멋진 어른.

막상 커보니 그런 어른과는 거리가 먼 모습이지만, 어쨌든 책 한 권을 썼다. 제목이 다소 하찮긴 하지만.

"제가 이번에 책을 냈습니다."
"오, 축하드려요. 제목이 뭐죠?"
"'찍먹 인간'이요."
"아 네…… 무슨 내용일까요?"
"한때 축구 선수가 되고 싶었던 꼬맹이가 서울로 전학을 가고, 대학에 가서 대외 활동과 아르바이트를 하며, 스마트스토어로 물건도 팔고, 마케터로 취업했다가, 어쩌다 보니 독서 크리에이터가 된 이야기에요."
"아…… 그렇군요……. 행운을 빕니다."

이 책은 성공한 축구 선수가 되어 출간한 자서전도 아니고, 억 단위 매출을 만든 창업가의 비법서도 아니다. 가오도 안 살고, 뾰족하지도 못하다. 마케팅 이론으로 치면 제일 피해야 할 종류의 기획이다.

그런데 뭐, 어쩌겠는가. 내가 삼십 년을 살아온 결과물이 이거인 것을.

나무옆의자 출판사 팀장님과 처음 만난 날 나눈 얘기가 있다.

"느끼한 책은 쓰지 맙시다."

이를테면 마블링이 예술인 립아이 스테이크에 와인을 페어링한 것이 아닌, 상추에 마늘, 쌈장, 김치와 기름장 푹 찍은 삼겹살 한 점을 올려 입에 쑤셔 넣고, 소맥으로 입가심할 수 있는 그런 책.

원하던 바다. 느끼하지 않으려면 솔직해야 했다. 마케팅 이론을 거스를지언정 내 업적을 억지로 부풀리고 포장하고 싶지 않았다.

내가 살아온 삶은 애매했다. 애매한 재능은 항상 딜레마를 불러온다. 어중간한 재능으로 이상은 높아

져만 가지만, 현실은 늘 이상에 못 미친다. 어릴 때부터 이런 늪에서 수없이 허우적거렸다.

그럼에도 자꾸 일어나려 애를 썼다. 실패해도 딛고 일어나 굳이 안 해본 일에 또 한번 손을 뻗었다.

"까짓것 얼굴 까고 영상 한번 찍어보자."

될 대로 되라는 심정으로 영상을 찍어 올렸는데 생각보다 반응이 좋았다. 성과가 나오니 신이 났고, 신이 나니 더 잘하고 싶어졌다. 그렇게 계속 파다 보니 지금은 그걸로 입에 풀칠하며 살아가고 있다.

요즘은 점점 삶이 팍팍해져감을 피부로 느낀다. 공부와 스펙 쌓기, 취업으로 이어지는 전통적인 삶의 방식이 흔들리면서 취업의 문은 점점 더 좁아지고, '쉬었음 청년'의 수는 발표할 때마다 최고치를 갱신하고 있다.

세상에는 사실 상위 0.N퍼센트의 스페셜리스트보다는 나처럼 애매한 재능의 소유자들이 많다. 이 책은 여러분에게 취업하는 방법을 알려주지도, 크리에

이터가 되어 떼돈 버는 법을 알려주지도, 일 잘하는 방식을 알려주지도 못한다.

하지만 바라건대 애매한 재능을 지닌 사람들에게 하나의 레퍼런스가 될 수 있다면 좋겠다.
'저렇게 부닥치며 살다가 끝내 길을 찾기도 하는구나…… 웃픈 삶이로다.'
마지막으로, 독자 여러분께 이 생각 하나만이라도 심어줄 수 있다면 이 이백 쪽짜리 종이 뭉치에게도 조금은 덜 미안할 것 같다.

"나도 평소 해보고 싶었던 그거.
찍먹이나 한번 해볼까?"

그 한 번의 용기가 어쩌면 여러분을 상상도 못 했던 기회의 길로 데려가줄지도 모른다.

그래도 여전히 찍먹 인간

초판 1쇄 발행 2025년 9월 3일

지은이 이강(집착서점)
펴낸이 이수철
주　간 하지순
교　정 하성
기　획 전강산
디자인 박예진
영업관리 최후신
콘텐츠개발 전강산, 최진영, 하영주
영상콘텐츠기획 김남규
제　작 서동관
관　리 진호, 황정빈, 전수연

펴낸곳 (주)픽셀앤플로우
출판등록 제2025-000171호
주소 (10449) 경기도 고양시 일산동구 호수로 358-39 동문타워1차 703호
전화 02) 790-6630　팩스 02) 718-5752
전자우편 namubench9@naver.com
인스타그램 @namu_bench

ⓒ 이강, 2025

ISBN 979-11-993819-4-0 03810

* 나무옆의자는 (주)픽셀앤플로우의 문학 브랜드입니다.
* 이 책의 전부 또는 일부 내용을 재사용하려면
　사전에 저작권자와 출판사 양측의 동의를 받아야 합니다.
* 잘못 만들어진 책은 구입하신 곳에서 바꾸어드립니다.